कुमाउनी के विदेशी शब्द

कुमाउनी – हिंदी – अंग्रेज़ी | संक्षिप्त शब्दकोश

लेखक

मोहम्मद नाज़िम अंसारी

कुमाउनी के विदेशी शब्द - कुमाउनी - हिंदी - अंग्रेज़ी | संक्षिप्त शब्दकोश

मोहम्मद नाज़िम अंसारी

प्रथम संस्करण, अगस्त २०२४
© २०२४, सर्वाधिकार सुरक्षित।

प्रकाशक एवं मुद्रक:
नोशन प्रेस मीडिया प्राइवेट लिमिटेड

डिजाइन:
अरशद अंसारी

Kumauni ke Videshi Shabd – Kumauni - Hindi – English
Sankshipt Shabdkosh

By Mohammed Nazim Ansari

First Edition, August 2024
© 2024, All Rights Reserved

Published & printed by:
Notion Press Media Pvt Ltd,
#7, Red Cross Road, Egmore,
Chennai, Tamil Nadu – 600008

Designed By:
Arshad Ansari

ISBN-13:
979-8895199749 (Paperback)
979-8895199770 (Hardcover)

ठेट कुमाउनी के विद्वान मेरे प्रिय पिता जी (स्व०) गुलाम हुसैन अंसारी (गुलाम बाबू) की मधुर स्मृतियों को समर्पित

(Born on 5th July 1929 and left for his heavenly abode on 28th March,1989)

This book is dedicated to the sweet memories of my dear father Late Ghulam Hussain Ansari popularly known as Gulam babu, Gulam bhai, Gulam daa. He was well-versed in Kumauni Khasparjiya dialect. His knowledge of Kumauni folklores and proverbs, his old-style Kumauni, which may be called idiomatic, pure, informal (ठेठ कुमाउनी) language, now rarely used, made him a true Kumauni hillman. His journeys on foot from Almora to Pithoragarh, Devalthal, Ranikhet, Bageshwar and many other villages were either on account of government service or wandering with his village friends. He knew Hindi, Urdu, Arabic, Sanskrit, English but his Kumauni was excellent that inspired and encouraged me to write this book.

विषय-सूची

भूमिका

कुमाउनी भाषा / बोली का अपना बहुत बड़ा शब्द भंडार है और इसके अधिकांश शब्दों की व्युत्पत्ति के संबंध में कोई निश्चित जानकारी नहीं है। दूसरी भाषाओं से जो शब्द कुमाउनी में सम्मिलित हुए हैं या कह सकते हैं जिन्हे कुमाउनी ने स्वाभाविक और सहज रूप से आत्मसात किया है उन्हें दो वर्गों में बांटा जा सकता है - प्रथम संस्कृत, अवधी, ब्रज, गुजराती, राजस्थानी, मराठी, पंजाबी आदि भारतीय भाषाओं का वर्ग है और दूसरा विदेशी भाषाओं जैसे अरबी, फ़ारसी, तुर्की, पुर्तगाली, अंग्रेज़ी, जर्मन, फ्रेंच आदि का वर्ग। इस दूसरे वर्ग की भाषाओं से आगत शब्दों के अध्ययन, व्युत्पत्ति, परिवर्तित रूप आदि पर अभी तक कोई ऐसी पुस्तक उपलब्ध नहीं है जिससे यह जानकारी मिल सके कि इन विदेशी शब्दों की मूल भाषा क्या है या कुमाउँनी में आने से पहले मूल शब्द क्या था, किस अर्थ में प्रचलित था। “कुमाउनी के विदेशी शब्द” (कुमाउनी-हिंदी-अंग्रेज़ी - संक्षिप्त शब्दकोश) इसी उद्देश्य की पूर्ति के लिए लिखी गई पुस्तक है जिसे संक्षिप्त शब्दकोश कहना उचित होगा।

इन विदेशी शब्दों ने कुमाउनी की मिठास में वृद्धि के साथ कुमाउनी की विशाल शब्द-संपदा को और अधिक समृद्ध किया है।

इन शब्दों के विषय में एक ग़लत धारणा यह है कि ये शब्द मूल भाषाओं से सीधे कुमाउनी बोली / भाषा में आकर मिल गए या इन मूल भाषाओं के बोलने वालों ने स्वयं कुमाऊं क्षेत्र में आकर इन शब्दों को कुमाउनी में मिला दिया। ऐसा मानना या समझना हास्यास्पद है और इतिहास सम्मत भी नहीं है। कुछ लोग यह समझते हैं कि अदालती / दरबारी काम-काज में अरबी-फ़ारसी-अंग्रेज़ी के शब्दों का अधिक प्रयोग होने से ये शब्द कुमाउनी बोली में प्रचलित हो गए। यह तर्क भी निराधार है क्योंकि चंद राजओं के दरबार तक आम लोगों की पहुँच नहीं थी और कोर्ट-कचहरी तो अंग्रेज़ों के भारत में आने के बहुत बाद में कुमाऊं क्षेत्र में पहुंची। प्रश्न उठता है कि चंद राजाओं के समय से दूरस्थ / दुर्गम ग्रामीण क्षेत्रों में राजकाज की भाषा से इतर रोज़मर्रा की घरेलू भाषा में ये शब्द कहाँ से आए ? चूँकि चंद राजाओं का संबंध मूल रूप से प्रयाग के समीप झूँसी या कन्नौज से रहा है जो अर्ध-माघदी प्रांत में थे और वहाँ की भाषा अवधी थी और अवधी की कई प्रवृतियां कुमाउनी में पाई जाती हैं। अरबी-फ़ारसी के जो शब्द अवधी में मिल चुके थे अवधी के माध्यम से कुमाउनी में पहुँचे। चंद राजाओं के साथ पंत, पांडे, जोशी, तिवाड़ी, त्रिपाठी आदि ब्राह्मण तथा

कई क्षत्रिय और दलित भी मैदानी क्षेत्रों से आकर कुमाऊं में बस गए जो अपने-अपने क्षेत्र की भाषा में प्रचलित अरबी, फ़ारसी, तुर्की, पुर्तगाली आदि के शब्द अपने साथ लाए।

इसी प्रकार राजस्थान से चम्पावत लाए गए मुस्लिम मनिहार (चूड़ी बनाने वाले) और राजधानी अल्मोड़ा स्थान्तरित किए जाने के बाद राजा बाज़बहादुर चंद के समय में लाए गए मुस्लिम दरबारियों (चौबदार, नकारची, संगीतकार, शिकारी, खानसामा आदि) की क्षेत्रीय भाषाओं के शब्द भी कुमाउनी का हिस्सा बने। भारत के बड़े भूभाग पर उस समय हिंदवी या हिंदुस्तानी भाषा बोली-समझी जाती थी जिसमें अरबी, फ़ारसी, तुर्की के साथ विभिन्न आंचलिक भारतीय भाषाओं के शब्द बहुतायत में प्रचलित थे जो यहाँ से कुमाऊं में जाकर बसने वाले लोगों के माध्यम से कुमाउनी में सम्मिलित होकर उसके अभिन्न अंग बने। चूँकि यह सब एक सतत और स्वाभाविक प्रक्रिया के तहत हुआ और किसी शासक द्वारा इन शब्दों को जनता पर थोपा नहीं गया इसलिए ये कुमाउनी के लोकप्रिय शब्दों के रूप में आज भी प्रचलित हैं।

इस शब्द-कोश के संकलन की प्रेरणा मुझे कहाँ से मिली ? – कुमाउनी शब्द संपदा नाम का एक फेसबुक ग्रुप है जिसमें “इफरात” शब्द पर किसी सदस्य ने अपनी टिप्पणी में लिखा, “य भयारक शब्द छू कुमाउनी में येक

जाग में "निमरखण" शब्द प्रयोग हुंछ" (यह बाहरी शब्द है कुमाउनी में इसके स्थान पर निमरखण शब्द का प्रयोग होता है)। मुझे यह पढ़ कर दुख हुआ क्योंकि मैंने कुमाउनी में इन दोनों शब्दों का प्रयोग होते हुए देखा है। मैंने अपनी टिप्पणी में लिखा, "इफरात अरबी मूल का कुमाउनी शब्द है"। इसके प्रत्युत्तर में किसी विद्वान ने लिखा कि अरबी भाषा ने यह शब्द कुमाउनी से लिया होगा। तब मुझे लगा कि सोशल मीडिया प्लेफॉर्म पर तर्क-वितर्क करने से बेहतर है ऐसे शब्दों को संकलित कर एक संक्षिप्त शब्द-कोश की रचना की जाए जो भविष्य में कुमाउनी भाषा प्रेमियों या कुमाउनी सीखने के इच्छुक लोगों के लिए भी उपयोगी सिद्ध होगा।

इस शब्दकोश में प्रथम स्थान पर शब्द का कुमाउनी रूप दिया गया है फिर व्याकरणिक जानकारी यथा संज्ञा, पुल्लिंग, स्त्री लिंग, क्रिया, विशेषण, क्रिया विशेषण, अव्यय आदि की जानकारी दी गई है। इसके बाद मूल भाषा के शब्द को मूल रूप में दिया गया है और मूल भाषा को दर्शाने के लिए अरबी के लिए (A), फ़ारसी के लिए (P) आदि संकेत दिए गए हैं, और साथ में उसका अर्थ हिंदी के विभिन्न पर्यायवाची शब्दों के द्वारा समझाया गया है। अंत में अंग्रेज़ी के विभिन्न समानार्थी शब्द दिए गए हैं। आवश्यकतानुसार कुमाउनी लोकोक्तियों, मुहावरों, लोकगीत, विभिन्न प्रयोग आदि को यथास्थान उद्धृत किया गया है जिससे पाठक को यह पता चल सके कि इन

शब्दों का कुमाउनी में कैसे और कब से प्रयोग होता रहा है । ये सभी शब्द कुमाउनी शब्द-संपदा के अभिन्न अंग है लेकिन वर्तमान समय में धीरे-धीरे आम बोलचाल में इनका प्रचलन कम होते जाने से कुमाउनी भाषा / बोली की तरह ही इन शब्दों के विलुप्त होने या विलुप्ति के कगार पर पहुँचने का संकट खड़ा हो गया है । जिस प्रकार भाषा को जीवित रखने के लिए उसका लोक में प्रचलन आवश्यक होता है ठीक उसी प्रकार पुराने / ठेट शब्दों को संरक्षित करने की दिशा में किसी भी शब्दकोश का बड़ा योगदान होता है । इस शब्दकोश के संकलन में भी यही मुख्य उद्देश्य निहित है ।

मुझे विश्वास है कि यह संक्षिप्त शब्दकोश, जिसमें केवल विदेशी मूल के शब्दों को सम्मिलित किया गया है, हिंदी-कुमाउँनी में शोध-कार्य करने वालों, भाषा-प्रेमियों, विद्यार्थियों, भाषाविज्ञान के छात्रों तथा आम जन के लिए उपयोगी और लाभदायक सिद्ध होगा ।

लेखक

पुस्तक-समीक्षा

भाषा कर्मियों के लिए नज़ीर बनता एक शब्दकोश

किसी भाषा को हम प्रायः एक भौगोलिक क्षेत्र में सीमांकित कर लेते हैं क्योंकि उसे बोलने वाले अधिकतर उस क्षेत्र के स्थायी निवासी होते हैं, और अंचल विशेष के नाम से भाषा का नामकरण स्वत: हो जाता है; जैसे मिथिला की मैथिली, अवध की अवधी, गढ़वाल की गढ़वाली, कुमूँ की कुमाई (जो 'पवित्र' अंग्रेजी के प्रभाव से कुमाउँनी हो गई और अब इसी नाम से जानी जाती है)। आज कुमाउँनी जिस रूप में बोली जाती है उसके बनने में हजारों वर्ष लगे हैं जिसका प्रामाणिक इतिहास न होने पर भी उस स्थिति की कल्पना की जा सकती है।

आज कुमाउँनी का जो रूप है वहाँ तक पहुँचने के लिए वह अनेक पड़ावों से गुजरी और अनेक स्रोतों से प्रभावित हुई। हिमालय के एकांत में कुछ नदियों और पहाड़ों के बीच ठहरा हुआ-सा समाज मध्य युग में अधिक सजग और सचल दिखाई पड़ता है जब स्थानीय राजाओं का संबंध दिल्ली दरबार से और दिल्ली दरबार के

प्रतिनिधियों से बढ़ने लगा तो उनकी राज-काज की भाषा कुमाऊँ के राज-काज में और रोज़मर्रा की दैनिक व्यवहार में प्रयुक्त होने लगी। इसी क्रम में पहले कथित हिंदुस्तानी से होते हुए तुर्की,अरबी, फ़ारसी के शब्द आए और 18वीं सदी के मध्य से पुर्तगाली, अंग्रेजी तथा अन्य यूरोपीय भाषाओं के। यहाँ की लुभावनी प्रकृति और शांत वातावरण ने मैदानों से मानव समुदायों को भी आकर्षित किया और वे भी अपनी भाषा-बोली के साथ समय-समय पर यहाँ बसते गए और घुल-मिल गए। ऐसा केवल कुमाउँनी के साथ ही हुआ हो, ऐसा नहीं है। प्रत्येक जीवित भाषा के साथ ऐसा होता है।

आज कुमाउँनी में ऐसे सैकड़ों आगत शब्द इतने स्वाभाविक रूप से घुल-मिल गए हैं कि उन्हें अलग से पहचानना कठिन है। फिर भी भाषा का अध्ययन करने वाले शोधकर्मियों या गहन विवेचन करने वाले अध्येताओं को जब-तब ऐसे शब्दों की पहचान, उनके मूल स्रोत की जानकारी और उनका अर्थ समझने की आवश्यकता होती है। इस कमी को पूरा करता है कुमाउँनी के आगत शब्दों पर मोहम्मद नाज़िम अंसारी का नया शब्दकोश, 'कुमाउँनी के विदेशी शब्द' । सच तो यह है कि जब किसी विदेशी भाषा के शब्द उन्हें ग्रहण करने वाली भाषा में सामान्य प्रचलन में आ जाते हैं तो वे 'विदेशी' न रहकर उस भाषा के अपने हो जाते हैं।

इसलिए अब भाषा वैज्ञानिक ऐसे शब्दों को आगत शब्द या लोन्ड वर्ड्स (उधार लिए हुए शब्द) कहते हैं।

अंसारी जी का यह काम अप्रतिम और अनुकरणीय है। यह मैं इसलिए भी कह रहा हूँ की हिंदी की अनेक सहभाषाओं में इस प्रकार के शब्दकोषों की आवश्यकता है जो आगत शब्दों का यात्रा मार्ग और अर्थ विस्तार समझने में सहायक हो।

इस महत्वपूर्ण कार्य के लिए कोशकार मोहम्मद नाज़िम अंसारी जी को बधाई। आशा है इस कृति से न केवल कुमाउँनी बोलने वाले, बल्कि अन्य भाषा-भाषी भी लाभ उठा सकेंगे।

सुरेश पंत

(डॉक्टर सुरेश पंत प्रख्यात भाषाविद, हिंदी-संस्कृत के विद्वान शिक्षक, "भाषा के बहाने ", "शब्दों के साथ-साथ" और "शब्दों के साथ-साथ – 2" जैसी महत्वपूर्ण और उपयोगी पुस्तकों के लेखक हैं। उनके लिखे ज्ञानवर्धक लेख विभिन्न पत्र-पत्रिकाओं में प्रकाशित होते रहते हैं। इसके अतिरिक्त एक व्लॉगर, यूट्यूबर के रूप में हिंदी भाषा के प्रचार / प्रसार, हिंदी के सही प्रयोग, अहिंदी भाषी लोगों तक हिंदी को पहुँचाने में उनका महत्वपूर्ण योगदान रहा है। उनके द्वारा इस शब्द-कोश की समीक्षा इस पुस्तक के लेखक के लिए सौभाग्य और गौरव की बात है।)

संकेत-सूची

स.पु.	संज्ञा पुल्लिंग
स.स्त्री.	संज्ञा स्त्रीलिंग
क्रि.	क्रिया
वि.	विशेषण
क्रि० वि०	क्रिया-विशेषण
प्र०	प्रयोग
मु०	मुहावरा / लोकोक्ति
लो०	लोकगीत
ला० अ०	लाक्षणिक अर्थ

दे०	देखें
A	अरबी (Arabic)
P	फ़ारसी (Persian)
TR	तुर्की (Turkish)
PRT	पुर्तगाली (Portuguese)
E	अंग्रेज़ी (English)
GR	जर्मन (German)
FR	फ्रेंच (French)
SPN	स्पेनिश (Spanish)

अ

अंगुस्तान / अंगुश्तान (स पु) (*P*) - अंगुश्ताना, अंगुश्त (फ़ारसी में अंगुली के लिए प्रयुक्त) में पहने जाने वाली लोहे या पीतल की बनी टोपी जो सूई से बचने के लिए सिलाई करते समय प्रयोग की जाती है, अंगुलित्र, thimble, a ring (specially worn on the thumb by tailors) (प्र० दर्जिकि आँगुल में अंगुश्तान और इसकूटर सवारक ख्वार में हेलमेट जरूर हुण चैं किलैकी य उनार हिपाजत लिजी जरूरी छ = दर्ज़ी की अंगुली मे अंगुश्ताना और स्कूटर सवार के सिर में हेलमेट ज़रूर होना चाहिए क्योंकि उनकी सुरक्षा के लिए यह ज़रूरी है)

अंगूर (स पु) (*P*) - एक छोटे आकार का मीठा और पौष्टिक फल, a grape

अंजाम / अनजाम (स पु) (*P*) - परिणाम, नतीजा, फल, result, end, conclusion, completion (प्र० भाल कामक अंजाम लै भल हुन्छ = अच्छे काम का परिणाम भी अच्छा होता है)

अंजीर (स पु) (*A*) - गूलर की प्रजाति का एक वृक्ष और उसका फल, तिमिल, fig-tree and its fruit

अंडरबियर (स पु) (*E*) - अंतर्वस्त्र, अधोवस्त्र (जैसे जांघिया, कच्छा आदि), underwear, undergarment

अंतरदेसी / अंतरदेशी (स पु) (*E*) - अंतर्देशीय-पत्र, डाक से भेजा जाने वाला वह पत्र जो लिफ़ाफ़े की तरह पूरी तरह से बंद नहीं होता, inland-letter

अंताज /अन्ताज (सं पु) (*P*) - अंदाज़, अनुमान, rough estimate, guess, conjecture (अन्ताजन = अनुमानतः) प्र० – धंद में कतुक फैद हैरौ येक अंताज हुण जरूरी छ = व्यवसाय में कितना लाभ हो रहा है इसका अनुमान होना ज़रूरी है)

अंदर (*अव्यय / क्रि वि*) (*P*) – भीतर, अंतर्गत, भीतरी भाग में, बीच में, गहराई में, within, inside (a space or a period of time), under, within (a category), (as adverb within, inside

अकल, अकव, अक्कल (*सं स्त्री*) (*A*) - अक़्ल, बुद्धि, समझ, commonsense, intellect, wisdom (क० – अकल ठिकाण लगूण = सबक़ सिखाना, अकल हराण = नासमझी के कारण ग़लत निर्णय लेना)

अकलदाड़, अक्लदाढ़ *(सं पु)* *(A)* - किशोरावस्था में या सबसे अंत में निकलने वाले दांत जो साधारणतया परिपक्वता के प्रतीक माने जाते हैं, a wisdom tooth (प्र० – अकलदाड़ फूटण = परिपक्व होना)

अकलदार *(वि)* *(A)* - बुद्धिमान, होशियार, intelligent, wise

अकलबर *(वि)* *(A)* - बुद्धिमान, होशियार, intelligent, wise

अकलि *(वि)* *(A)* - बुद्धिमान, होशियार, intelligent, wise

अक्श, अक्स *(सं पु)* *(A)* - अक्स, प्रतिबिम्ब, छाया, चित्र, a shadow, reflected image, reflection - अक्स उतारण = नक़्शे की हूबहू नक़ल उतारना)

अखत्यारि *(स स्त्री)* *(A)* इख्तियार या अधिकार रखने वाली, अधिकारिणी, स्वामिनी, proprietress, a woman possessing authority

अगबार *(सं पु)* *(A)* - अख़बार, समाचारपत्र, newspaper

अगर (*अव्यय*) (*P*) - यदि, if, (प्र० -अगर मगर करण = बहानेबाज़ी करना, बात टालना)

अचकन (*सं स्त्री*) (*P*) - पुरुषों का अंगरखे की तरह का एक लंबा पहनावा जो शेरवानी जैसा होता है लेकिन लम्बाई में कम होता है, a long, singlebreasted coat

अजप, अजब (*वि*) (*A*) - अनोखा, विचित्र, अद्भुत, strange, peculiar

अजमत (*सं स्त्री*) (*A*) - अज़मत, आश्चर्यजनक, "अजमतकाव" - आश्चर्यजनक चमत्कार, astonishing, wonderful

अजमैश (*सं स्त्री*) (*P*) - आज़माइश, परीक्षा, test, trial, examination

अजमूण (*क्रि*) (*P*) - आज़माना, परीक्षा लेना, to examine, to test.

अजात / अजाद (*वि*) (*P*) - आज़ाद, स्वतंत्र, मुक्त, free, independent, liberated, released.

अजाब / अजाप (सं पु) (A) - अज़ाब, श्राप, शाप, divine punishment, curse मु ०- अजाप लागण (शाप लगना)

अजीप /अजीब (वि) (A) - अजीब, विचित्र, अनोखा, strange, unfamiliar, peculiar

अटैक (स पु) (E) – हमला, आक्रमण, आघात, प्रहार, attack

अटैचि /अटैची (स स्त्री) (E) – छोटा सूटकेस, छोटा बक्सा, कपड़े आदि रखने की पेटी, a small box generally made of leather and cloth, (प्र० – मेरि अटैचि पत्त नै कां हरेगे = मेरी अटैची पता नहीं कहाँ खो गई)

अदत / अदद (सं पु) (A) - अदद, संख्या, अंक, गिनती जैसे छह अदद चौकियां, दो अदद कुर्सियां, item, number, digit, figure (अदति) (वि) -संख्यात्मक

अदब (सं पु) (A) - सम्मान, शिष्टाचार, courtesy, respect, politeness

अदा (सं स्त्री) (A) - चुकता, उऋण, ऋणशुद्धि, हाव-भाव, ढंग, नखरा, payment of debt, grace, elegance, charm, flirtatious gestures or manner

अदालत (*सं स्त्री*) (*A*) – न्यायालय, कचहरी, न्यायाधीश / जज के लिए भी प्रयुक्त जैसे अदालत यह जानना चाहती है कि वारदात की रात क्या आरोपी शहर में मौजूद था? court of law, court of justice, judge

अदालती (*वि*) (*A*) - न्यायालय संबंधी, क़ानूनी, legal, judicial

अदावट (*सं स्त्री*) (*A*) - अरबी शब्द अदावत का रूपांतरण, शत्रुता, दुश्मनी, बैर-भाव, hostility, enmity, malice, hate.

अपसर / अबसर /अफसर (*सं पु*) (*E*) - अफ़सर, अधिकारी, an officer, official, a superior

अपसरी / अफसरी (*सं स्त्री*) (*E*) - अधिकार भाव, किसी को अपना मातहत समझना, authority, officership

अपसोच (*सं पु*) (*P*) - अफ़सोस, खेद, पछतावा, पश्चाताप, sorrow, grief, regret

अफवा / अफ्वा (*सं स्त्री*) (*A*) - अफ़वाह, उड़ाई हुई ख़बर, मनगढंत ख़बर, अपुष्ट समाचार, rumour, hearsay

अफाया / अफलातून (*वि*) (*A*) - अफ़लातून, यूनान का एक विद्वान दार्शनिक प्लेटो (Plato) जिसे अरबों ने अफलातून नाम दिया । ऐसा व्यक्ति जो स्वयं को प्लेटो के समान समझे या ऐसा दिखावा करने वाला ढोंगी, पाखंडी व्यक्ति अफ़लातून कहलाता है । (प्र० -अफ़लातून का नाती, अफ़लातून का साला)

अफाम (*वि*) (*A*) - फ़हम न होना, याद न रहना, विस्मृति, अज्ञान, नादान, आमफ़हम अर्थात आम लोगों में प्रचलित और ग्राह्य, (generally intelligible or popular), something that cannot be remembered)

अफीम (*सं पु*) (*A*) - अफ़ीम, एक नशीला पदार्थ जो कड़वा और काला होता है, opium

अफीम्चि (*सं पु*) (*A*) - अफ़ीमची, वह व्यक्ति जिसे अफ़ीम का नशा करने की लत हो, नशेड़ी, opium addict

अबर (*सं पु*) (*P*) - अब्र जिसका अर्थ है बादल, मेघ, घटा, cloud

अबल / अब्बल (*वि*) (*A*) - अव्वल, प्रथम, पहला, श्रेष्ठतम, first, chief, best, excellent (अव्वल से आखिर तक = from beginning to end)

अबाद (*वि*) (*P*) - आबाद, बसा हुआ, बाशिंदा, बस्ती वाला, सुखी, खुशहाल, हरा-भरा, settled, inhabited, populated, occupied, properous, happy, verdant, fresh and green.

अबादी (*सं स्त्री*) (*P*) - आबादी, बस्ती, जनसँख्या, inhabited or settled place, a settlement, colony, population.

अमनचैण / अमनचैन (*सं पु*) (*A*) - शांति-सुकून की स्थिति, सुख-शांति, आनंद, व्यक्तिक जीवन में सुख-शांति, बचाव, सुरक्षा, peace and prosperity, contentment of life, safe atmosphere

अमानत (*सं स्त्री*) (*A*) - थाती, धरोहर, निश्चित समय के लिए किसी दूसरे व्यक्ति की कोई चीज़ अपने पास सुरक्षित रखना, something given in trust, a deposit, security, trust, guardianship.

अमाल (*सं पु*) (*A*) - आमाल, चाल-चलन, कार्य-व्यवहार, acts, doings

अमीन (*सं पु*) (*A*) - पदनाम, तहसील / बंदोबस्त कार्यालय का वह कर्मचारी जिसके पास ज़मीन की नापजोख या कुर्की आदि का काम हो, a revenue official with special rights and duties

अमीर (*वि*) (*A*) - धनी, रूपये-पैसे वाला, rich, wealthy

अमीरी (*सं स्त्री*) (*A*) - धनवान होने की अवस्था, सम्पन्नता, रईसी, धनाढ्यता, wealth, power, splendour

अर्क / अरक (*सं पु*) (*A*) - अर्क़, अरक़, रस या वस्तु का सार, सत्व, juice, essence, extract

अरज (*सं स्त्री*) (*A*) - अर्ज़, प्रार्थना, चौड़ाई (कपड़े आदि की), request, supplication, width

अरजी (*सं स्त्री*) (*A*) - अर्ज़ी, प्रार्थनापत्र, दरख़्वास्त, application, petition, representation, submission

अरजिनवेश (*सं पु*) (*A+P*) - अर्ज़ीनवीस, अर्ज़ी लिखने वाला, पारिश्रमिक लेकर अदालती मामलों से संबंधित दस्तावेज़ लिखने वाला पेशेवर, petition-writer

अरदली / अरदलि / अर्दली (सं पु) (E) - चपरासी, अनुसेवक, अंग्रेज़ी शब्द orderly का परवर्तित रूप, an attendant, servant, peon

अरमान (सं पु) (P) - लालसा, इच्छा, an aspiration, longing heartfelt wish, desire.

अराम / एराम (सं पु) (P) - आराम, विश्राम, बिना किसी असुविधा की स्थिति, सुख-शांति की अवस्था, आरोग्य, rest repose, ease, comfort, leisure

अलमस्त (वि) (P) - बेफ़िक्र, मस्त, जिसे कोई चिंता न हो, मतवाला, बेफ़िक्रा, मदहोश, carefree, drunk, lustful, crazed, infuriated, mad.

अरामतलब / एरामतलब (वि) (P+A) - आरामतलब, आलसी, विलासी, निकम्मा, निठल्ला, मेहनत से जी चुराने वाला, easygoing, indolent, seeking or fond of comfort

अलमौनि /अलम्युनि (सं पु) (E) - एलुमिनियम धातु, aluminium, a white metal

अलम (सं पु) (A) - ध्वजा, पताका, झंडा, banner, flag

अलारम *(सं पु)* *(E)* - अलार्म, खतरे की सूचना, सचेत करने वाला संकेत जैसे घड़ी का अलार्म, alarm

अलामत / अलामात *(सं पु)* *(A)* - हिंदी में स्त्रीलिंग, चिन्ह, निशानी, पहचान, लक्षण, mark, sign

अलावा *(अव्यय)* *(A)* - सिवा, अतिरिक्त, In addition to, apart from, moreover

अलिशान *(वि)* *(A)* - आलीशान, अरबी शब्द "आली" से बना जिसका अर्थ है उच्च, ऊंचा अर्थात जिसकी शान है ऊँची, भव्य, magnificent, splendid

अल्मारि / इल्मारि *(सं स्त्री)* *(PRT)* - अल्मारी, from almirah, cupboard, wardrobe, bookcase

अवाज *(सं. स्त्री)* *(P)* - स्वर, आवाज़ , sound, noise, call, voice

असमान/अस्मान *(सं. पु.)* *(P)* - आस्मां, आसमान, आकाश, sky (क० -असमान नजर करण = अभिमान करना)

असमानि- *(वि.)* *(P)* - आस्मान से संबंधित, हल्का नीला (आस्मानी) रंग, azure, sky blue, pertaining to sky

असर (*सं. पु*) (A) - प्रभाव, effect, impression, influence

असरदार (*वि*) (A) - प्रभावशाली, effective, impressive

असल- (*सं पु.*) (A) - सच्चा, खरा , शुद्ध, मूलधन, कुलीन, original, base, source, real, pure, a man of good family (क० - असल हुंण = श्रेष्ठ या खरा होना)

असान (*वि.*) (P) - आसान, सरल, सहज, जो कठिन न हो, easy, simple, manageable

असामी (*सं पु.*) (A) - अरबी शब्द इस्म का बहुवचन (इस्म =नाम), व्यक्ति, काश्तकार, किरायेदार, ग्राहक, "बड़ा असामी"- किसी खास कारण से महत्वपूर्ण व्यक्ति, सेठ,"लाखूंक असामी" लाखों का असामी (an important person), a person, an individual, party, a tenant, a client

असार (*सं. पु.*) (A) - 'असर' शब्द का बहुवचन, आसार, लक्षण, चिन्ह, पदचिन्ह, tracks, traces, signs, indications

अस्तर (सं पु) (*P*) - सिले हुए कपड़ो, जूतों आदि की भीतरी सतह, कोट आदि के भीतर की ओर लगाया गया कपड़ा, lining (of a garment)

अस्तीन (*सं. पु.*) (*P*) - कुर्ते, कमीज़ या ब्लाउज आदि की बाँह, sleeve, cuff

अस्पताव (*सं. पु*) (*E*) - अस्पताल, हस्पताल, hospital, clinic

अहलकार (*सं. पु*) (*A +P*) - कचहरी या कार्यालय आदि का कर्मचारी, कार्यकर्ता, clerk, an agent, officer

अहात (*सं.पु.*) (*A*) - अहाता, चार दीवारी, an enclosed space, a compound, enclosure

***

आ

आँखर / आँखिर (*अव्यय*) (*A*) - विशेष उक्ति, आखिर,"आँखर मै लै मैंस छौं ", आखिर मै भी आदमी हूँ, (क०- आँखिर बड़ै लै बड़ पंछाण - गुणवान ही गुणों को पहचानता है) हूँ, last, final, latter, after all

आँखरि / आँखरी (*वि*) (*A*) - आख़िरी, अंतिम, सबसे बाद वाला, last, at the end, ultimately

आइंदा (*वि.*) (*P*) - आगामी, भावी, आगे, भविष्य में, coming, future, next time, in future, from now on

आजाद / अजाद / अजात (*वि.*) (*P*) - आज़ाद, मुक्त, स्वतंत्र, independent, free

आदत (*सं. स्त्री*) (*A*) - स्वभाव, प्रकृति, लत, habit, manner, custom

आदिम (सं.पु.) (A) - आदमी, पुरूष, पति, मर्द, अरबी शब्द आदम से व्युत्पन्न शब्द, man, human being, (उ० - सेठ आदिम को छी? सेठ आदमी कौन था?)

आदिम्योव / आदिम्योल (सं स्त्री) (A) - इंसानियत, मानवीयता, humanity, compassion, civilization

आफत (सं. स्त्री) (A) – आफ़त, आपत्ति, विपत्ति, संकट, misfortune, disaster, trouble

आबदाण (सं पु) (P) - जल और अन्न (फ़ारसी में "आब" जल के लिये प्रयुक्त है) अन्न-जल, आजीविका, water and grain, food, livelihood, lot, destiny

अप्रेशन /आबरेशन / आपरेशन (सं. पु) (E) – ऑपरेशन, शल्य-क्रिया, operation

आफत (स स्त्री) (A) – आफ़त ,विपत्ति,आपत्ति, संकट, परेशानी , misfortune, disaster, trouble (प्र० - हमार नानतिन क्वे काम टेम पर नि करनी हमार त भौते आफत हैगे = हमारे बच्चे कोई काम समय पर नहीं करते ,हमे तो बहुत परेशानी हो गई है)

आबहौ (सं. पु) (P) - आब + हवा = आबोहवा, जलवायु, मौसम, पर्यावरण, climate, atmosphere,

आम (*वि.*) (*A*) - सामान्य, आम बात, सामान्य बात, साधारण, मामूली, व्यापक, common, general, everyday, ordinary

आमद (*सं. स्त्री*) (*P*) - आमदनी, आय, आना, आगमन, arrival, approach, income

आमदनि / आमदानी (*सं. स्त्री*) (*P*) - आमदनी, आय, income, profit

आस / आसू (*सं. पु*) *स्त्री* (*P*) - आशा, अभिलाषा, उम्मीद, wish, hope, expectation, support (क० -आस लागण -अपेक्षा करना)

आहिस्ता / आस्ता / आस्ते-आस्ते (*क्रि.वि.*) (*P*) - धीरे, धीमे से, धीरे-धीरे, gently, slowly, gradually, sluggishly

***

इ

इंच (सं.पु.) (*E*) - एक माप जो मीट्रिक प्रणाली में ढाई सेमी. के बराबर होती है, An inch (2.5 cm), a unit of measurement

इंचभर- (*वि*) (*E*) - कोई भी वस्तु जो एक इंच लम्बी, चौड़ी, मोटी, ऊंची हो, anything which is one inch in length, width, or height.

इंजन (*सं. पु*) (*E*) - कोई भी यंत्र जो भाप, पेट्रोल - डीजल, गैस, बिजली आदि की शक्ति को उर्जा में बदल दे, engine

इंजीनेर / इंजिनर (*सं. पु*) (*E*) - इंजीनियर, अभियन्ता, engineer

इंजीनेरी (*स स्त्री*) (*E*) - इंजीनियरी, अभियांत्रिकी, engineering

इंटर (*स पु*) (*E*) - इंटरमीडियेट, 12वी कक्षा, 12th

इंटरभ्यू (स पु) (E) - इंटरव्यू, साक्षात्कार, interview
(क०- इंटरभ्यू हुं चैंछ कंटर भर घ्यूँ अर्थात साक्षात्कार की
सफलता के लिए रिश्वत की मांग)

इंतजाम / इंजाम (सं पु.) (A) - इंतज़ाम, प्रबंध,
व्यवस्था, arrangement, order, method,
discipline

इंतजार / इंजार (स पु) (A) - इंतज़ार, प्रतीक्षा, बाट
जोहना, राह देखना, waiting, expecting.

इंतजारी / इंजारी (स स्त्री) (A) - इंतज़ार करने की
स्थिति, state of waiting

इंत्यान (सं. पु) (A) - इम्तहान या इम्तेहान, परीक्षा,
examination, test

इंदराज (सं. पु) (P) - लेखा-बही आदि में चढाया जाना,
प्रविष्टि, entry

इंस्पेक्टर / निस्पेक्टर (स पु) (E) - पुलिस या किसी
अन्य विभाग का निरीक्षक, अधिकारी, inspector

इंसाफ/ इनसाप (सं. पु) (A) - इंसाफ़, न्याय, justice,
fair decision

इंसान (सं. पु) (A) - इंसान, मनुष्य, मानव, आदमी, a man, human being, mankind

इंसानियत (सं. पु) (A) - इनसानियत, मानवता, मानवीय व्यवहार, kindness, humanity, human-kindness, human nature

इकबाल (सं. पु) (A) – इक़्बाल , स्वीकार, मंजूर, admission, confession, acceptance

इकराड़ / इकरार (स पु) (A) - इक़रार, प्रतिज्ञा, वायदा, agreement, promise, pledge, confession

इकरारनाम / इकरारनामा (सं. पु.) (A) – इक़रारनामा , अनुबंधपत्र, प्रतिज्ञा-पत्र, agreement, written bond, contract

इजत / इज्जत (सं. स्त्री) (A) - इज़्ज़त, सम्मान, respect, esteem, honour, (क० इज्जत में पाणि फेरण, इज्जत में बट्ट लागण, इज्जत माट में मिलूण)

इजतदार (वि.) (A) - इज़्ज़तदार, प्रतिष्ठित, मर्यादावाला, honoured, respected

इजाजत (स स्त्री) (A) - इजाज़त, आज्ञा, अनुमति, permission,

इजा़फ (सं. पु) (A) - इज़ाफ़ा, वृद्धि, बढ़ोन्तरी, increase, additional amount

इजारबंद / हिजारबंद (सं. पु) (P) - इजारबंद, नाड़ा, girt, the string or tape to fasten the trousers at waste

इतफाक (सं. पु) (A) - इत्तेफ़ाक़, संयोग, (इतफाकन =इत्तेफ़ाक़न -संयोग से), concurrence, coincidence, chance

इजहार (सं.पु.) (A) - इज़हार, गवाही, किसी कचहरी में दिया गया बयान, evidence, statement, to testify

इतराज (सं. पु.) (A) - एतराज़, उज्र, आपत्ति, opposition, objection

इतमिनान (सं.पु.) (A) - इतमीनान, संतोष, तसल्ली, भरोसा, content, repose, calm

इनकम (सं. स्त्री) (E) - आय, आमदनी, income

इनकमटक्स (सं. पु) (E) - आयकर, income tax

इनकार *(स पु) (A)* - अस्वीकृति, नामंज़ूरी, मुकरना, refusal, denial, objection, rejection

इनकलाब *(सं. पु)* - इनक़िलाब, परिवर्तन, क्रान्ति, change, revolution, transformation

इनसट / इनशल्ट / इनशट / इनसल्ट *(सं. स्त्री) (E)* - बदनामी, अनादर, बेइज़्ज़ती, insult

इनाम *(सं. पु) (A)* - इनाम, पुरस्कार, prize, reward, gift

इनामि *(वि.) (A)* - पुरस्कार से संबंधित जैसे इनामी प्रतियोगिता, इनाम पाया हुआ, वह व्यक्ति जिस पर इनाम लगा हो (जसिके इनामि बदमास, इनामि डाकू आदि), serving as a prize, having prizes, (competition), notorious

इनैत *(सं. स्त्री) (A)* – इनायत , कृपा, दया, favour, kindness, obligation

इफरात *(सं. स्त्री) (A)* – इफ़रात , बहुतायत, विपुलता, बहुत अधिक, excess, abundance

इबारत *(सं. स्त्री) (A)* - लिखावट, वाक्यरचना, लेख, article, essay, sentence structure, diction

इब्जी / इब्जि /एफजी (सं. पु) (A) – एवज़ी , स्थानापन्न आदमी, substitute, officiating, acting, relieving

इमान (स पु) (A)- ईमान, व्यवहार में सच्चाई, छल-कपट रहित व्यवहार, honesty, integrity, trustworthiness

इमारत (सं. स्त्री) (A) - भवन, मकान, भव्य एवं विशाल भवन, a building, structure, edifice

इराद (सं. पु) (A) - इरादा, विचार, संकल्प इच्छा, intention

इरादतन (क्रि.वि.) (A) - इरादा करके, संकल्पपूर्वक, जानबूझकर, intentionally, delibrately

इमामदस्त (सं. पु) (A) - मसाले, जड़ी-बूटी आदि कूटने का पात्र जो साधारणतया लोहे का बना होता है, pestle and mortar

इलम (सं. पु) (A) - इल्म, ज्ञान, जानकारी, विद्या, हुनर, लत, व्यवसन, पेशा knowledge, science, information, addiction, profession, (क० इलम पड़न = दुर्व्यसन में फंसना, आदत पड़ना)

इलमारि (*सं. स्त्री.*) (*PRT*) - अल्मारी, almirah

इलाक (*सं. पु*) (*A*) – इलाक़ा , क्षेत्र विशेष, region, area, district, estate

इलाज (*सं. पु.*) (*A*) - उपचार, चिकित्सा, औषधि, दवा, medical treatment, remedy, cure

इलैंचि (*सं. स्त्री.*) (*A*) - इलायची, cardamom

इल्लत (*सं. स्त्री.*) (*A*) - झंझट, बाधा, कमी, दोष, बुरी लत, बुरी आदत, दुर्व्यसन, (प्र० इल्लत काटण अर्थात झंझट से मुक्ति पाना) fault, defect, bad habit

इशत्यार (*सं. पु.*) (*A*) - इश्तहार, सार्वजनिक सूचना, विज्ञापन, घोषणा, advertisement, announcement, poster, notification

इशार /इसार (*सं. पु.*) (*A*) - संकेत, इशारा, sign, nod, indication, hint

इस्कूटर (स पु) (*E*) – छोटे दो पहियों वाला पेट्रोल से चलने वाला वाहन, scooter, (प्र०- बीच रस्त में म्यर इसकूटरकि हाव निकलिगे = बीच रास्ते में मेरे स्कूटर की हवा निकाल गई)

इस्कूल / इसकूल (सं. पु) (*E*) - स्कूल, विद्यालय, पाठशाला, school

इस्कूलि / इस्कूलया (*वि.*) (*E*) - विद्यार्थी, छात्र, student

स्केल / इस्केल (स पु) (*E*) - लोहे या लकड़ी की पट्टी जो लंबाई आदि मापने के काम आती है, पैमाना, scale

इस्टाफ (स पु) (*E*) – किसी कार्यालय या संस्था के कर्मचारियों का वर्ग या समूह , अमला, staff

इस्टाम (*सं.* पु) (*E*) - स्टाम्प, मोहर, टिकट, stamp

इस्टाल (स पु) (*E*) – स्टाल, प्रदर्शनी, मेले आदि में वह छोटी दुकान जिसमें बेचने के लिए चीज़ें सजाई जाति हैं, stall, (प्र० – जौलजीबी कौतिक में ललदा क इस्टाल जड़ी-बूटी लिजी परसिद्ध छी = जौलजीबी मेले में ललदा का स्टाल जड़ी-बूटी के लिए प्रसिद्ध था)

इस्टेज (स पु) (*E*) – स्टेज, मंच , रंगमंच, stage (प्र० – नंदादेबी रामलिलाक इस्टेज बै मैंल गोपाल बाबू स्वामी कैं "घुघुति ना बासा आमकि डाइ मा" गाते सुण राखौ = मैंने नंदा देवी रामलीला के मंच से गोपाल बाबू स्वामी को "घुघुति ना बासा आमकि डाइ मा" गीत गाते हुए सुन रखा है)

इस्टेशन / इस्टेसन (स पु) (*E*) - स्टेशन, यात्री-प्रतीक्षालय, station, (प्र०- मैं घर बै सिद्द इस्टेशन पुजि गयूं = मैं स्टेशन से सीधे घर पहुँच गया)

इस्टोक (स पु) (*E*) – स्टॉक, भंडार, वह माल जो दुकान या गोदाम में रखा हो और बिका न हो , stock, (प्र० अच्यालन ग्यूं इस्टोक में न्हाति = आजकल स्टॉक मे गेहूं नहीं है)

इस्टोब (स पु) (*E*) – मिट्टी तेल और हवा के मिश्रण से जलने वाला यंत्र (चूल्हा), stove

इस्टोर (स पु) (*E*) – भंडार, सामान रखने का कमरा, store

इस्तमाल (सं. पु.) (*A*) - इस्तेमाल, उपयोग, प्रयोग, use, utilization

इस्तिप / इस्तिफ (सं. पु) (*A*) - इस्तीफ़ा, त्यागपत्र, resignation

***

ई

ईजाद (*सं. स्त्री*) (*A*) - खोज, आविष्कार, invention

ईद (*सं. स्त्री*) (*A*) - मुसलमानो का प्रमुख त्यौहार जो रमज़ान के एक महीने के रोज़ों (व्रत) की समाप्ति पर मनाया जाता है और जिसे मिठीद (मीठी ईद) भी कहा जाता है। इस अवसर पर मीठी सिवई बनने से भी यह नाम प्रचलित है। Eid a Muslim festival

ईमान (*सं. पु*) (*A*) - सत्य, न्याय और धर्म के बारे में होने वाली पूरी निष्ठा, सच्चाई, धर्म, विश्वास "ईमान-जुमान"=धर्म कर्म का आचरण, belief specially in God, faith, creed, honesty, trustworthiness, integrity (क० ईमान ठोकण = सच्चाई के साथ अपना पक्ष रखना)

ईमानदार (*वि.*) (*A+P*) - नेक नियत, विश्वासपात्र, सच्चा, विश्वसनीय, सत्यनिष्ठ, righteous, honest, guided by conscience.

ईसा (स पु) (A) - ईसा मसीह, ईसाई धर्म के प्रवर्तक ,
Jesus Christ

ईसाई (स पु) (A) - ईसा मसीह, यीशु या जीसस क्राइस्ट
द्वारा प्रवर्तित धर्म का अनुयायी, ईसाई धर्म मानने वाला,
Jesus the Messiah, Jesus Christ and his
followers are Christian.

***

उ

उकाब (*वि*) (A) – उक़ाब, होशियार, बुद्धिमान, तेज़ (प्र०- उ उकाब छ = वह बहुत तेज़ /होशियार है), अरबी शब्द उक़ाब संज्ञा पुल्लिंग है जिसका अर्थ है बड़ा गिद्ध (गरूड़) जो अपनी तीव्रता, दृष्टि और फुर्ती के लिए जाना जाता है । eagle, falcon

उकील / वकील (*स.पु*) (A) – वकील, अधिवक्ता , Advocate, lawyer

उजर (*सं. पु*) (A) - उज्र, आपत्ति, निषेध, विरोध, denial, objection, regret, pretext

उजर करण (*क्रि*) (A) - हस्तक्षेप करना, दख़ल देना (दखल दिण), to interfere, to raise an objection (उजरती अमीन = दख़ली अमीन)

उजरदार (*वि*) (A) - उजर या आपत्ति करने वाला, किसी बात या कार्य से असहमति जताने वाला, an objector

उजिफ / वजिफ / वजिप / वजिब (स पु) (A) -
वज़ीफ़ा, छात्रवृत्ति, scholarship, stipend

उजीर (स पु) (A) - वज़ीर, मंत्री, minister

उपरसेर / उभरसेर (स पु) (A) - ओवरसियर, अवर-
अभियंता, निरीक्षक, overseer, junior engineer

उमर (सं. स्त्री) (A) - उम्र, अवस्था, आयु, age, life
(क० उमर जैछ, नकि आदत नि जानि अर्थात उम्र के
साथ शरीर बदलता जाता है लेकिन बुरी आदतें नहीं
बदलतीं)

उमरदार (वि) (A + P) - अधिक आयु वाला, व्यस्क,
अधेड़, senior, adult, neither young nor old

उमेद (सं. स्त्री) (P) - उम्मीद, आशा, hope,
expectation

उम्मेदवार (सं. पु) (P) - उम्मीदवार, प्रत्याशी,
candidate

उम्द (वि.) (A) - उम्दा, उत्तम, श्रेष्ठ, excellent, fine,
splendid

उस्ताज / उत्ताज / उस्ताद (वि.) (P) – उस्ताद , गुरू, अध्यापक, शिक्षक, चालाक, छली, धूर्त, teacher, a skilled craftsman, master (of an art), a rogue, cunning, roguery

उस्तादी / उस्तादि (सं. स्त्री) (P) - होशियारी, चतुराई, कुशलता, mastery, skill, craftsmanship

उस्तर (सं. पु) (P) - उस्तरा, दाढी बनाने का औज़ार, a razor

***

ए

एकतरफा (*वि.*) (*A*) -एकतरफ़ा, जिसमें किसी एक ही पक्ष की बात की गई हो, एकपक्षीय, one-sided

एकमंजिल (*वि.*) (*P*) - एक मंज़िल, मकान जिसमे एक ही तल हो, Single-storeyed

एकमुस्त / एकमुश्त (*वि.*) (*P*) -एकमुश्त, इकट्ठा, एक साथ, जो क़िस्तों में देय न हो, सम्पूर्ण, lumpsum payment, the whole payment

एक्कोंट (*सं. पु*) (*E*) - लेखा, हिसाब-किताब, खाता, account

एकौंटेंट (*स पु*) (*E*) -अकाउंटेंट, लेखाकार, लेखापाल, मुनीम, accountant

एकाएकी (*क्रि. वि*) (*P*) - एकाएक, (फारसी शब्द यकायक), अचानक, अप्रत्याशित रूप से, suddenly, unexpectedly

एकाबखत (*वि*) (*Hindi+A*) – एकाहारी, दिनभर में केवल एक समय खाने वाला, श्राद्ध की पूर्व संध्या पर रखा जाने वाला उपवास (हबीख) जिसमें एकाबखत का पालन किया जाता है, taking meal once a day

एजेंट (स पु) (*E*) – अभिकर्ता, किसी व्यक्ति या संस्था के प्रतिनिधि के रूप मे कार्य करने वाला व्यक्ति, agent, (प्र० – उ एल आई सी एजेंट छ = वह एल आई सी एजेंट है)

एतवार (*सं. पु*) (*A*) - एतबार, विश्वास, प्रतीति, confidence, reliance, faith, belief

एतराज (*सं. पु*) (*A*) - एतराज़, आपत्ति, opposition, objection

एराम / अराम (*सं. पु*) (*P*) - आराम, विश्राम, rest, comfort (अन्य शब्द - एरामतलब = मेहनत से जी चुराने वाला (सुविधाभोगी), एरामतलबी =परिश्रम करने से बचने की अवस्था, निष्क्रियता), lazy

एलान (*सं. पु*) (*A*) - घोषणा, ढिंढोरा, declaration, announcement, proclamation

एवज (*सं पु*) (*A*) - एवज़, स्थानापन्न, प्रतिफल, substitute, exchange, return

एवजी / इबजी / एफजी (सं पु) (*A*) - एवज़ी, बदले में, स्थानापन्न, substituting, officiating.

***

ऐ

ऐन (*सं पु*) (*A*) - दर्पण, आइना, शीशा, mirror

ऐन (*वि.*) (*A*) - बिल्कुल, नियत, सटीक, ठीक, सही (प्र०- उ ऐन टेम पर एगो = वह ठीक समय पर आ गया), exact, precise

ऐन मौक (*क्रि वि*) (*A*) - सही मौके पर, सही वक़्त पर, just when needed, in the nick of time.

ऐब (*सं. पु*) (*A*) - दोष, लांछन, fault, shortcoming, defect

ऐबि (*वि.*) (*A*) - ऐबी, बुरा, दुष्ट, व्यवसनी, जिसके शरीर में दोष हो, विकलांग, flawed, vicious, defective, a bad character

ऐबदार (*वि.*) (*A +P*) - जिस व्यक्ति या वस्तु में दोष हो, अवगुणी, दुर्गुणी, ऐबी, flawed, defective.

ऐयाश *(वि)* *(A)* - भोगविलास में रत व्यक्ति, कामुक, विषयी, व्यभिचारी, voluptuous, fond of luxury, sensual

ऐर-गैर / ऐरा-गैरा *(वि.)* *(A)* - ऐरा-ग़ैरा, तुच्छ और अपरिचित, इधर उधर का, सामान्य, उपेक्षणीय, (मु०- ऐरा-गैरा बुलै, खै गै, पछिन हात पोछा न्हे गै), of no account, stranger, inferior, trifling, having no status

ऐराम - दे० एराम

ऐश / ऐस *(स.पु.)* *(A)* - मज़ा, मौज, भोगविलास, सुख-भोग, life of pleasure and enjoyment, delight, luxury

ऐशान / ऐसान / एहसान *(सं. पु)* *(A)* - एहसान, उपकार, कृतज्ञता, (क०- "तलवार मारें एक बार, ऐसान मारूं बार बार" अर्थात एहसान की चोट तलवार की चोट से अधिक घातक और स्थाई होती है) obligation, beneficence, gratitude

ऐशानमंद *(वि.)* *(A +P)* - एहसानमंद, कृतज्ञ, आभारी, grateful, obliged.

ऐसट्रे (सं. स्त्री) (*E*) - राखदानी, ऐश-ट्रे, ashtray

***

ओ

ओबरसेर / ओभरसेर (सं. पु) (*E*) - ओवरसियर,
अवरअभियंता, Overseer, junior -engineer

ओभरकोट (स पु) (*E*) -लबादे जैसा बड़े आकार का
कोट जो सामान्यतया घुटनों तक लंबा होता है और इसे
कपड़ों के ऊपर पहना जाता है, overcoat

ओहद (सं. पु) (*A*) - ओहदा, पद, पदवी, post,
position, an office, duty

***

औ

औकात *(सं पु) (A)* - औक़ात, बिसात, समय, वक़्त का बहुवचन, वर्तमान समय की परिस्थितियां, लाक्षणिक अर्थ - शक्ति, सामर्थ्य, योग्यता, (प्र० औकात दिखाण = ग़लत व्यवहार के द्वारा अपनी असलियत उजागर करना), status, capability, state, condition, times,

औजार *(सं. पु) (A)* - औज़ार, कार्य में सहायक उपकरण जैसे कैंची, आरी, हथौड़ा, फावड़ा, खुरपी आदि, tools, equipment, arms

औट *(क्रि) (E)* - पहले ही पता चलजाना, ख़बर का बाहर आ जाना, पहले ही मालूम हो जाना, अंग्रेज़ी शब्द आउट (out) का सरलीकृत रूप (प्र० -इंग्रेजीक पेपर पैलि औट हैगोछी), out

औडर *(सं. पु) (E)* - आदेश, हुक्म, order

औफिस *(सं. पु) (E)* - ऑफिस, दफ़्तर, कार्यालय, office

औरत (*सं. स्त्री*) (*A*) - नारी, स्त्री, पत्नी, woman, wife

औलाज / औलाद (*सं. स्त्री*) (*A*) - औलाद, संतान, वंश, पुत्र, पुत्री, (मु० औलाद जल्लाद हुण= माँ-बाप का बुरा करने वाली संतान का होना), children, offspring, descendents

औलाजदार (*वि.*) (*A +P*) - बालबच्चों वाला, one having his own children.

***

क

कंकरीट (*सं. स्त्री*) (*E*) - कंकड़, रेत और सीमेंट के मेल से बना छत और फर्श का मसाला, concrete

कंटर (*सं. पु*) (*E*) - कनस्तर, पानी, तेल आदि रखने के लिए बड़ा टिन का डिब्बा अंग्रेज़ी शब्द container का सरलीकृत रूप

कंटोल / कंट्रोल (*सं. पु*) (*E*) - सरकारी सस्ते गल्ले की दुकान, अंकुश, नियंत्रण, control

कंडक्टर (*सं. पु*) (*E*) - बस में टिकट काटने वाला, परिचालक, संचालक, conductor, (प्र० – कंडक्टर सैप एक टिकट अल्माड़ क दि दियो = कन्डक्टर साहब एक टिकट अल्मोड़ा का दे दीजिए)

कंडम (*वि.*) (*E*) - बेकार, पुराना, त्यक्त, जिसका कोई मोल न हो, अंग्रेज़ी शब्द condemn से व्युत्पन्न

कंपनी / कम्पनि (*सं. स्त्री*) (*E*) - फेक्टरी, कारख़ाना, सेना का एक विभाग, company, (प्र० – य कम्पनि में क्वे जाग खाल्लि नि छ, नोकरि कसिके मिलैलि ? = इस कंपनी में कोई रिक्ति नहीं है, नौकरी कैसे मिलेगी ?)

कंपोडर (*सं. पु*) (*E*) - कंपाउंडर, चिकित्सक का वह सहायक जो दवा देने, मरहमपट्टी आदि का कार्य करता है, compounder

कंपोस्ट (*सं. स्त्री*) (*E*) - किसी गड्ढे मे हरी पत्तियां, गोबर, मूत्र, कूड़ा आदि सड़ाकर बनाई गई खाद, वानस्पतिक खाद, a natural fertilizer, compost

कंप्यूटर (*स.पु*) (*E*) - निर्देशों, इनपुट डाटा के आधार पर उपयोगी जानकारी देने वाला इलेक्ट्रोनिक उपकरण, संगणक, computer

कजा (*सं. स्त्री*) (*A*) - क़ज़ा, मृत्यु, न्याय, नियति, जो इबादत अपने तय समय पर अदा न की गई हो, Decree, fate, death

कजिया /कजि / काज्जि / कजी / कजिय (*स पु*) (*A*) क़ज़िया , विवाद , झगड़ा, लड़ाई, बखेड़ा , a dispute, a legal case

कजाक (स पु) (*TR*) - तुरकी शब्द क़ज़ाक़, कज़ाकिस्तान की एक तुर्क जाति, उस जाति का व्यक्ति, (ला.अ.- लूटमार करने वाला, डाकू, लुटेरा, robber, bandit

कटपीस (स पु) (*E*) किसी ख़राबी के कारण कपड़े के नये थान में काँट -छाँट करने से अलग किए गए नये कपड़े के छोटे-छोटे टुकड़े, cut-piece

कतई (*क्रि.वि.*) (*A*) - बिल्कुल, कदापि, हरगिज़, completely, absolutely

कतल (*सं. पु*) (*A*) - क़तल, क़त्ल, हत्या, वध, killing, slaughtering, murder, assasination

कद (स.पु) (*A*) - क़द, लंबाई या ऊँचाई (किसी व्यक्ति की), पद, ओहदा, height, stature, post, position

कदम (स.पु.) (*A*) - क़दम, पैर, पाँव, डग, the foot, the sole, a foot's length, a pace, a step

कदर (*सं. पु*) (*A*) - क़दर, क़द्र, मान, सम्मान, आदर, महत्व, (प्र० - कदर करण = सम्मान करना), merit, worth, value

कदरदानी / कदरदानि *(वि.)* *(A)* - क़द्रदानी, क़दरदान, सम्मान देने वाला, प्रशंसक, just appreciation, discernment

कद्दावर *(वि.)* *(A+P)* - क़द+आवर = क़दावर या क़द्दावर, बड़े डीलडोल का, विशालाकाय, (ला० अ०-प्रभावशाली), tall and towering, possessing an imposing stature

कनात *(सं स्त्री)* *(T)* - क़नात, कपड़े की रंगीन दीवार, मोटे कपड़े का पर्दा, the wall of a tent, curtain, a canvas screen.

कनस्तर *(सं. पु)* *(E)* - टिन का पीपा, टिन का बना हुआ चौकोर आकार का एक पात्र जिसमें घी, तेल, आटा आदि रखा जाता है, originated from an English word "canister ", container

कप *(सं. पु)* *(E)* - कप, प्याला, cup

कपतान *(सं. पु)* *(E)* - कप्तान, दल का नायक, समूह का मुखिया, captain (of a crew, a team)

कफ *(सं. पु)* *(E)* - कफ़, कमीज़, शर्ट की आस्तीन का अगला भाग जिसमे बटन लगते हैं, cuff

कफन (सं. पु) (A) - कफ़न, मुर्दे का अंतिम यात्रा के समय पहनाया जाने वाला वस्त्र, वह कपड़ा जिसमें मुर्दा लपेटकर दफ़न किया जाता है या जलाया जाता है, shroud, a cloth or sheet that is put round a dead body when it is either burried or burnt

कफनूण् (क्रि) (A) - मुर्दे को शव-वस्त्र से ढकना, to wrap a dead body in a shroud.

कफनि (सं. स्त्री) (A) - शव के गले में लपेटा जाने वाला कपड़ा, a cloth which is wrapped round the neck of the dead body.

कबरखत (क्रि.वि.) (A) - अरबी शब्द वक्त (बखत) से व्युतपन्न, किस क्षण, किस समय, when

कबर (स स्त्री) (A) - क़ब्र, मृतक को ज़मीन में दफ़नाने के लिए खोदा गया गड्ढा, उस गड्ढे के ऊपर स्मृतिस्वरूप बनाया गया चबूतरा, समाधि, grave, tomb

कबाबी (स पु /वि) (P) कबाब (पिसे हुए मांस भुना हुआ रोल या टिक्की) खाने वाला अर्थात मांसाहारी, शराबी-कबाबी युग्म के रूप में अधिक प्रचलित है जिसका अर्थ है नशा और मांसाहार करने वाला आदमी, कबाब बेचने वाला, a meat-eater, non-vegetarian (a person whose diet includes meat), a seller of roasted meat, (प्र० इसकूल बस लिजी हमूकैं एक भल डिरेबरकि जरवत छ ,उ शराबी-कबाबी नि हुण चैं =स्कूल बस के लिए हमे एक अच्छे ड्राइवर की आवश्यकता है, वह शराबी-कबाबी नहीं होना चाहिए)

कबालि (*सं. स्त्री*) (*A*) - क़व्वाली पीरों की मज़ार या सूफ़ियों की मजलिसों में गाए जाने वाले धार्मिक गीत या धुन, singing and playing by one or more qavvals (musicians) in Sufi concerts or tombs.

कबिल (*स.पु*) (*A*) - क़बीला, समूह, झुण्ड, परिवार, जनजाति, tribe, family, group

कबूतर (*सं. पु*) (*P*) - एक प्रसिद्ध पक्षी, a pigeon

कबूल (*सं. पु.*) (*A*) - क़बूल, क़बूलने की क्रिया या भाव, स्वीकार, मंज़ूर, acceptance, acknowledgement, confession

कबूलूण (*क्रि.*) (*A*) - क़बूलवाना, स्वीकार करवाना, मनवाना, to compel someone to accept something

कबूलण् (क्रि) (A) - क़बूलना, स्वीकार करना, मानना, to accept, to confess.

कबूलियत (सं. स्त्री) (A) - क़बूलयत, स्वीकृति, acceptance

कब्ज (सं. पु) (A) - (1) - क़ब्ज़, मल का आतों में रूकना, उदरविकार, constipation; (2) क़ब्ज़ा अधिकार, पकड़, possession, grasp, occupancy

कब्रिस्तान (सं. पु) (A +P) - क़ब्रिस्तान, मुर्दो कों दफ़नाने का स्थान, graveyard, burial- ground, cemetery

कम (वि) (P) न्युन ,जो अधिक मात्रा में न हो, छोटा, किसी शब्द में पूर्व प्रत्यय के रूप मे जुड़ने से मूल शब्द का विपरीत अर्थ प्रकट करता है जैसे कमअक़्ल,कमउमर आदि, little, few,small, scanty,deficient

कमअकिल (वि.) (P +A) - कमअक़्ल, मंदबुद्धि, मूर्ख, अज्ञानी, stupid, foolish

कमअसल (वि.) (P +A) - दोगला, कम अच्छा, hypocrite, bastard, crossbreed

कम उमर (*वि.*) (*P +A*) - कम उम्र, अल्पव्यस्क, कम अवस्था वाला, of young age, minor

कम कीमति (*वि.*) (*P*) - कमक़ीमती, कम क़ीमत का, सस्ता, not valuable, cheap, ordinary

कमखर्च (*वि.*) (*P*) - मितव्ययी, कम ख़र्च करने वाला, thrifty, economical

कमखर्ची (*सं. स्त्री*) (*P*) - मितव्ययता, thriftiness

कमजात (*वि.*) (*P +A*) - कमज़ात, नीच जाति या प्रकृति का, of low caste or nature, mean.

कमजोर (*वि.*) (*P*) - कमज़ोर, शक्तिहीन, दुर्बल, weak

कमजोरी (*सं. स्त्री*) (*P*) - कमज़ोरी, दुर्बलता, weakness

कमनजर (*वि.*) (*P +A*) - कमनज़र, कमज़ोर दृष्टि वाला, weak -sighted

कमनसीब (*वि.*) (*P +A*) - अभागा, बदनसीब, unfortunate, ill-fated

कमनसीबी (*सं. स्त्री*) (*P +A*) - दुर्भाग्य, lucklessness

कमर (सं. स्त्री) (P) - कटि, (प्र० - कमर टूटण, कमर बादण, कमर कसण आदि), the waist, the loins

कमरपट्टि (सं. स्त्री) (P +H) - कमरपट्टी, waistband, belt

कमरबंद (सं. पु) (P) - इजारबंद, कमरबंद, नाड़ा, waistband, girdle, a long piece of cloth folded round the loins

कमांडर (सं. पु) (E) - सेनानायक, उच्च सैन्य अधिकारी, प्रधान सेनापति, commander

कमान (सं. स्त्री) (E) - कमांड, प्रभुत्व, वश, शक्ति, लोक गीत "अलकापुरी पलटन बैठी पुलिस कमान, कुशल मंगल रहे फूलों के समान ", हुक्म, आदेश, command

कमानि (सं. स्त्री) (P) - कमानी, वह वस्तु जिसका रूप कमान की तरह हो अर्थात खींचने पर स्थिति बदले और छोड़ने पर पुनः अपनी पुरानी स्थिति में आ जाये, घड़ी के अंदर लोहे की पत्ती को गोल घुमाकर इस प्रकार कसना कि वह धीरे-धीरे खुले, a spring in a mechanism

कमाल (सं. पु) (A) - अनोखापन, चमत्कारपूर्ण कार्य, अद्भुत, सर्वोत्तम, पूर्ण कौशल, excellence, perfection, something wonderful, a miracle, very great, extreme

कमीज *(स.स्त्री)* *(A)* - कमीज़, कफ एवं कॉलरयुक्त कुर्ता, shirt

कमीन *(वि.)* *(P)* - नीच, निकृष्ट, दुष्ट, mean, base, person of low-caste, ignoble

कमीशन *(सं. पु)* *(E)* - छूट, रियायत, हिस्सा, आयोग, brokerage, discount, amount received for service rendered, commission (as Election commission)

कमेटी *(सं. स्त्री)* *(E)* - समिति, संगठन, committee, an organization

कम्पोटर / कम्पोडर *(सं. पु)* *(E)* - देखें -कंपोडर

करंट *(स पु)* *(E)* विद्युत प्रवाह, विद्युत धारा, current, (प्र० चौमास में बिजुलि खंब में करंटक खत्र जादे हुंछ = बरसात में बिजली के खंभे में करंट का अधिक ख़तरा होता है)

करज *(स.पु.)* *(A)* - क़र्ज़, ऋण, उधार, a debt, a loan

करजदार (स.पु) (A) – क़र्ज़दार, क़र्ज़ लेने वाला व्यक्ति, debtor, borrower (प्र० पैलि करजदार बैंक क चक्कर लगूनी बाद में बैंक वाल वीक चक्कर लगूनी)

करजदारी (सं. स्त्री) (A) – क़र्ज़दारी, देनदारी, indebtedness

करार (सं. पु) (A) - क़रार, वायदा, वचन-वद्धता, agreement, settlement, promise, (प्र० -करार करण =वादा करना)

करामात (सं. स्त्री) (A) - कोई अद्भुत या अलौकिक कार्य, अचरज भरी बात, सिद्धि, चमत्कार (क०- नै बात, नै जात, नै करामात = कोई भी गुण या विशेषता का अभाव होना), marvellous deeds, a miracle, feat

करीब (वि.) (A) - क़रीब, नज़दीक, समीप, near

कलंडर / कलेंडर (स पु) (E) तिथि-पत्र, पंचांग, सत्र, calendar

कलइ (सं. स्त्री) (A) - क़लई, रांगे का लेप जो तांबे - पीतल के बर्तनों में लगाया जाता है जिससे वे चमकीले और सुंदर हो जाते हैं, मुलम्मा, लेप, चूने की पुताई, tinning of utensils, white-washing.

कलट्टर (सं. पु) (*E*) - जिलाधीश, जिलाअधिकारी, collector

कलफ (स.पु) (*A*) - कलफ़, धुले कपड़े में इस्त्री करने से पहले कड़ापन और चिकनाहट लाने के लिए लगाई जाने वाली लेई या मांड़ी, starch

कलब (स.पु.) (*E*) - क्लब, मनोरंजन की गतिविधियों का स्थान, club

कलम (सं. स्त्री) (*A*) - क़लम, लेखनी, क़लम लगाना, एक पौधे को दूसरे पर रोपना, a pen, grafting.

कलाकंद (सं. पु) (*P*) - खोए की बर्फ़ी, एक प्रसिद्ध मिठाई, a sweet made of khoya

कवाद / कवायद / कवेद (सं. स्त्री) (*A*) - क़वायद, (क़ायदे का बहुवचन), नियमावली, कार्यविधि पुलिस का युद्धाभ्यास, परेड, drill, parade

कश (सं. पु) (*P*) - धूम्रपान करने की प्रक्रिया, बीड़ी, सिगरेट, हुक्के आदि के धुएं को अंदर खींचना, puff, drag

कश्ती (सं. स्त्री) (*P*) - नाव, नौका, डोंगी, तरणी, a boat, a canoe

कशम / कसम (*सं. स्त्री*) (*A*) – क़सम , शषथ, सौगंध, an oath (प्र० - कशम खांण = क़सम खाना)

कसर (*सं. स्त्री*) (*A*) - कमी या न्यूनता से उत्पन्न त्रुटि, लेन-देन या व्यापारिक कार्यों में होने वाली सामान्य हानि, a want, defect, shortcoming, loss, damage (प्र० - कसर रै जाणि =कमी रह जाना)

कसरत (*सं. स्त्री*) (*A*) - व्यायाम, वर्ज़िश, मेहनत, exercise, bodily excercise, training, practice

कसरती (*वि०*) (*A*) - व्यायाम करने वाला, कसरत करके बनाया हुआ (बदन), developed by excercise, training, athletic.

कसाई / कशाई (*सं. पु.*) (*A*) - क़साई, बूचड़, मांस का व्यापारी, (वि०) निर्दयी, butcher, meat-seller, (Adj.) cruel, merciless person

कसूर (*सं. पु*) (*A*) - क़सूर, अपराध, दोष, ग़लती, fault, error, shortcoming

कसूरवार (*वि.*) (*A*) - क़सूरवार, दोषी, अपराधी, blameable, responsible for a mistake, culpable

काग (स पु) (*E*) - बोतल आदि को बंद करन के लिये प्रयुक्त ढक्कन, कॉर्क, cork

कागत / काघत / कागज (सं. पु.) (*P*) - काग़ज़, लुगदी से बना महीन पत्र जो लिखावट या छपाई के काम आता है, दस्तावेज़, प्रपत्र, paper, document (प्र० - कागजौं के दिसांण =अनुपयुक्त वस्तु का प्रयोग करना)

कागज-कलम (सं. पु) (*P +A*) - काग़ज़-क़लम, लिखने -पढ़ने की सामाग्री, stationery

कगजात (सं. पु) (*P*) - काग़ज़ात, काग़ज़-पत्र, अभिलेख, document, record

कागजी (*वि.*) (*A*) – काग़ज़ी, जिसका छिलका काग़ज़ की तरह पतला हो जैसै काग़ज़ी बादाम, काग़ज़ी अखरोट आदि, thin, soft (as a skin of a nut), delicate

कातिल (*वि.*) (*A*) - क़ातिल, हत्यारा, निर्दयी, killer, murderer, cruel

काड (सं.पु.) (*E*) - कार्ड जैसै पोस्टकार्ड (पोश काड), राशनकार्ड आदि, card

कानून *(सं. पु)* *(A)* - क़ानून, विधि नियमावली, न्यायिक व्यवस्था, (अन्य शब्द -क़ानूनन, क़ानूनी), a law, regulation

कॉफि *(वि.)* *(A)* - काफ़ी, पर्याप्त, प्रचुर मात्रा में, enough, sufficient

काफिर / काफर *(वि.)* *(A)* - काफ़िर, जो ख़ुदा / ईश्वर को न मानता हो, नास्तिक, उपद्रवी, non -believer, infidel, wretch

काबिज *(वि.)* *(A)* - क़ाबिज़, क़ब्ज़ा करने वाला भोक्ता, seizing, possessing, occupying

काबिल *(वि.)* *(I)* - क़ाबिल, योग्य, लायक, विद्वान, निपुण, capable, fit, qualified, worthy, deserving.

काबिलियत *(सं. स्त्री)* *(A)* - क़ाबिलियत, योग्यता, पात्रता, विद्वता, निपुणता, capability, fitness, suitability, qualification

काबुली *(वि.)* *(P)* - काबुल से संबंधित, काबुल का जैसे काबुली चाण (काबुली चना), belonging to Kabul, produced in Kabul, (as gram, dry fruit)

काबू (*स.पु.*) (*P*) - क़ाबू, नियंत्रण में रहने या होने का भाव, अधिकार, hold, grasp, control, authority

कामयाब (*वि.*) (*P*) - सफल, successful

कामयाबी (*सं. स्त्री*) (*P*) - सफलता, success

कायम (*वि.*) (*A*) - क़ायम, ठहरा हुआ, स्थिर, स्थायी, standing, fixed, established, stable, lasting

कायल (*वि.*) (*A*) - कायल, तर्क-वितर्क से सिद्ध बात को मान लेने वाला, मुरीद, प्रशंसक निरूत्तर, agreeing, convinced

कारतूस (*स पु*) (*PRT*) - बंदूक, रिवाल्वर या तमंचे आदि में रख कर चलाई जाने वाली धातु, दफ़्ती आदि का खोल जिसमें बारूद और धातु की गोली भरी होती है, cartridge

कारबार (*सं. पु*) (*P*) - कारोबार, कामकाज, पेशा, धंधा, व्यापार, रोज़गार, dealings, business, trade, occupation

कारबारि (*वि.*) (*P*) - कारबारी, कामकाजी, व्यवसायी, व्यापारी, trader, merchant

कारवाइ (*सं. स्त्री*) (*P*) - काररखवाई, कार्रवाई, किसी घटना या व्यक्ति की हरकत पर अधिकारिक तौर पर क़दम उठाना, विधिक प्रक्रिया, कृत्य, काम, working, operation, activity, legal proceedings, action.

कारवां (*संपु.*) (*P*) - पैदल यात्रियों का समूह, काफ़िला, वाहनों या व्यक्तियों का समूह जो किसी यात्रा या प्रवास पर हो, a convoy, carvan

कारिंद (*सं. पु*) (*P*) - कारिंदा, कर्मचारी, सेवक, गुमाश्ता, प्रतिनिधि के रूप में काम करने वाला व्यक्ति, an agent, manager, employee

कारिस्तानी (*सं. स्त्री*) (*P*) - कारस्तानी, चालबाज़ी, अनुचित काम, ग़लती, cunning or devious act, mistake, course of action

कारीगर (*सं. स्त्री*) (*P*) - शिल्पकार, शिल्पी, दस्तकार, दक्ष, हुनरमंद, craftsman

कारीगरी (*सं. स्त्री*) (*P*) - दस्तकारी, निर्माणकला, हुनरमंदी, दक्षता, बारीक एवं सुन्दर काम करने की कला, workmanship, craftsmanship, skill, artistic work

कालर / कौलर (सं. पु) (E) - कमीज़ के गले की पट्टी जिसे पीछे की ओर मोड़ा जाता है, collar

कालीन (सं. पु) (A) - ग़लीचा, कालीन, ऊन या सूत के धागे से बना बिछावन, carpet

कालेज / कोलेज (सं. पु.) (E) - कॉलेज, विद्यालय, college

कलोनी / कालोनी (सं. स्त्री) (E) - कॉलोनी, उपनगर, बस्ती, नई बस्ती, colony

काश (अव्यय) (P) - अभिलाषा आदि का बोधक, दुख और चाह व्यक्त करने वाला शब्द, "काश कि मै वहाँ जा सकता ", How I wish that I might go there.

काश्त (स स्त्री) (P) - कृषि, खेती-बाड़ी का काम, खेती की भूमि, जोत, ploughing, cultivation, farming, cultivated land, field, farm.

काश्तकार (सं. पु) (P) - किसान, खेतिहर, कृषक, वह व्यक्ति जिसने ज़मीनदार को लगान देकर उसकी जमीन पर खेती करने का अधिकार प्राप्त किया हो, farmer, a tenant

काश्तकारी (*स.स्त्री*) (*P*) - किसानी, खेती, कृषि, farming, tenancy, lease of farmland from the land-lord

कितइ / कितली (*स स्त्री*) (*E*) - केतली, चाय बनाने या पानी गर्म करने के लिए टोटीदार ढक्कन वाला बर्तन, kettle

किताप / किलाप / किताब (*सं. स्त्री*) (*A*) - पुस्तक, ग्रंथ, a book, sacred book

किताबि (*वि.*) (*A +P*) - किताबों में रूचि रखने वाला, किताबों का शौक़ीन, किताबी कीड़ा, किताबों से संबंधित, pertaining to books, derived from books, a bookish person.

किफैत (*सं. स्त्री*) (*P*) - किफ़ायत, कमरखर्ची, मितव्यय, लाभ, बचत, profit, advantage by saving, thrift.

किफैति (*वि.*) - किफ़ायती, कम खर्च करने वाला, कम मूल्य पर मिलने वाला, लाभप्रद, thrifty, economical, cheap, inexpensive

किमत / कीमत *(सं. स्त्री)* *(A)* - क़ीमत, मूल्य, दाम, प्रतिष्ठा, योग्यता, महत्व, गुण, price, value, worth, cost

किमती *(वि.)* *(A)* - क़ीमती, बहुमूल्य, मूल्यवान, महत्वपूर्ण, expensive, valuable, precious

किरमिजि *(वि.)* *(A)* - क़िरमिज़ी, क़िरमिज़ (एक प्रकार का मटमैला लाल रंग) के रंग वाला, crimson, scarlet

किरा़इ / किराय / किरौ *(सं. पु)* *(A)* - किराया, भाड़ा, वह धन जो किसी व्यक्ति की किसी चीज़ को काम में लाने के बदले उसे (मालिक को) दिया जाए जैसे रेल, बस का भाड़ा, मकान का किराया आदि, charge or payment for hire, rent or lease, fare, freight, charge

किलो *(सं.पु.)* *(E)* - तौल की एक अंतर्राष्ट्रीय माप, 1000 ग्राम, kilogram

किल्लत *(सं. स्त्री)* *(A)* - क़िल्लत, अभाव, कमी, तंगी, कम मात्रा में किसी वस्तु का उपलब्ध होना, defficiency, scarcity, difficulty

किशमिश / किसमिस (स.स्त्री) (*P*) - सुखाया हुआ अंगूर, दाख, एक प्रकार का मेवा, a small dried grape, raisin

किशमिशी / किसमिसि (*वि.*) (*P*) - किशमिश / किसमिस के रंग का, किशमिश से बनाया गया (खाद्य पदार्थ), of the colour or taste of raisin, made with raisins

किश्त / किस्त (*सं. स्त्री*) (*P*) - क़िस्त, भाग, अंश, किसी देय धनराशि का या उधार ली गई धनराशि का माहवार या सालाना निर्धारित भाग, an instalment, due portion of the payment of a loan

किश्ति (*सं. स्त्री*) (*P*) - कश्ती, किशती, नाव, a small boat, a vessel, a canoe

किसम / किसिम / किस्म (*सं. स्त्री*) (*A*) - क़िस्म, प्रकार, कोटि, नस्ल, ढंग, तरीक़ा, भेद, kind, type, variety

किस्मत (*सं. स्त्री*) (*P*) - क़िस्मत, भाग्य, नसीब, तकदीर, fate, destiny, lot

किस्स (सं. पु) (A) - क़िस्सा, कहानी, मामला, ख़बर, tale, story, account (of some matter), news, dispute

कीमत / कीमती - देखें -किमत / कीमत

कीमा (स.पु.) (A) - क़ीमा, कूटकर या मशीन के द्वारा छोटे छोटे टुकड़ों में परिवर्तित किया गया मांस, मांस का एक व्यंजन, minced meat, a meat curry

कुपन / कूपन (सं. पु) (E) - कूपन, चिट, पर्ची, स्लिप जो किसी इनाम, लाटरी या भोजन प्राप्त करने के लिए प्रयुक्त हो, coupon

कुर्त (सं. पु) (TR) - कुर्ता, बिना कॉलर की ढीली-ढाली कमीज़ जिसे सिर डालकर पहना जाता है शरीर के ऊपरी भाग का पहनावा, a kind of loose shirt which has no collar or front opening

कुर्शि / कुरसि (सं. स्त्री) (A) - कुर्सी, पीठिका, chair

कुल (वि.) (A) - सारा, सम्पूर्ण, तमाम, मान या मात्रा के हिसाब से जितना हो उतना सब, the whole (of), total

कुल कुलान (*क्रि.वि.*) (*A*) - पूरा का पूरा, सारा का सारा, सम्पूर्ण योग, the whole (of), total

कुलि / कुल्लि / कुल्ली (*सं पु*) (*TR*) - श्रमिक, बोझ उठाने वाला, सेवक, coolie, porter, a labourer

कुलीबेगार (*सं स्त्री*) (*TR+P*) - अँग्रेज़ शासक अपना सामान ढोने के लिए भारतीयों की निःशुल्क सेवा लिया करते थे। उत्तराखंड के कुमाऊं क्षेत्र में इसे कुलीबेगार प्रथा के नाम से जाना जाता था। गाँधी जी की प्रेरणा से कांग्रेस के नेताओं ने बागेश्वर में सन 1921 में इस अमानवीय प्रथा से छुटकारा पाने के लिए सरयू बगड़ (नदी किनारे का उबड़-खाबड़ लेकिन समतल क्षेत्र) में प्रतिज्ञा की कि आज के बाद कोई कुलीबेगारी नहीं करेगा। अपने विरोध को प्रकट करने के लिए सरयू में अपने-अपने रजिस्टर (जिनमें कुलियों की व्यवस्था किए जाने के संबंध में लेखा-जोखा होता था) बहा दिए। उस समय एक गीत बनाया गया था जो इस प्रकार था -

"झन दिया मैंसों कुलिबेगार अब हैं गईं गाँधी अवतार "

इस कुप्रथा के अंतर्गत अँग्रेज़ अधिकारीयों ने ब्रह्मणों से तक सामान उठवाया, उन्हें सिर पर सामान ढोने के लिए यह कहकर विवश किया गया कि उनके पैर पूजनीय हैं सिर पूजनीय नहीं हैं। कुलीबेगार कुली और बेगार दो शब्दों से बना है जिसमें कुली तुर्की और बेगार फ़ारसी का

शब्द है। Forced labour, unremuneretive work, drudgery, the act of forcing someone to work without paying him any wages.

कुल्लीउतार भी कुलीबेगार प्रथा का ही एक हिस्सा था जिसमें अँग्रेज़ अफ़सर के आने से पहले अगले पड़ाव पर कुलियों को सामान ढोने के लिए पहले से तैयार रखना पड़ता था।

कुस्ति / कुश्ति (सं स्त्री) (P) - कुश्ती, पहलवानी, मल्लयुद्ध, wrestling, struggling, a competitive fight.

कुहराम (सं पु) (A) - कोलाहल, बहुत सारे लोगों द्वारा एक साथ किया जाने वाला रुदन, विलाप, मातम, भगदड़, हलचल, weeping and wailing, lamentation.

केम्र / केमरा (सं पु) (E) - फ़ोटो खींचने का उपकरण, camera

केस (सं पु) (E) - मामला, अभियोग, मुक़दमा, a case, suit, lawsuit

कैंचि (सं स्त्री) (TR) - कैंची, कपड़ा, काग़ज़ आदि काटने का उपकरण, scissors, shears

कै *(सं स्त्री)* *(A)* - क़ै, उल्टी, वमन, उखाल, vomiting.

कैद *(सं स्त्री)* *(A)* - क़ैद, बंधन, कारावास, प्रतिबंध, imprisonment, confinement, control, restriction

कैदि *(सं पु)* *(A)* - क़ैदी, बंदी, a prisoner, a captive, convict

कैफयत *(सं स्त्री)* *(A)* - कैफ़ियत, वर्णन, विवरण, आश्चर्यजनक दृश्य या घटना, हाल, समाचार, कारण, quality, nature, condition, account, details, state of affairs, situation

कैबरखत *(क्रि वि)* *(A)* - बरखत अरबी मूल के शब्द वक़्त का परिवर्तित रूप है। किस समय, when

कैबरखतै *(क्रि वि)* *(A)* - किसी समय, कभी sometime, sometimes, now and then

कोट *(सं.पु.)* *(E)* - शरीर के ऊपरी हिस्से में धारण किया जाने वाला अस्तरयुक्त वस्त्र, coat

कोफ्त (स स्त्री) (P) - कोफ़्त, कुढ़न, दुख, रंज, परेशानी, हैरानी, sadness, vexation, tedium, great fatigue, distress

कोफ्ता (स.पु.) (P) - कोफ़्ता, मांस या लोकी आदि सब्जी को कूटकर, गोल लड्डू का आकार देकर तैयार किया गया स्वादिष्ट व्यंजन, dish prepared by minced meat or vegetable balls with spices

कोर्स (सं. पु) (E) - पाठ्यक्रम, course (प्र0- यो सवाल कोर्स क भ्यारक छू = यह प्रश्न पाठ्यक्रम के बाहर का है)

कोसिस / कोशिश (सं. स्त्री) (P) - प्रयत्न, प्रयास, श्रम, effort, attempt

कौपि (सं. स्त्री) (म्) - कॉपी, लिखने की पुस्तिका, copy, note-book

कौफी (स.स्त्री) (E) - कॉफी, कहवा, एक पेय पदार्थ, coffee

कौम (सं. स्त्री) (A) - क़ौम, जाति, बिरादरी, वंश, नस्ल, राष्ट्र, a people, a nation, tribe, race

कौमि / कौमी (वि.) (A) - जातीय, राष्ट्रीय (क़ौमी), national, belonging to race, racial

कौल (सं. पु.) (*A*) - क़ौल, वचन, वायदा, प्रण, प्रतिज्ञा, promise, assertion "कौल का पक्का, पूरा या सच्चा = जो अपने वायदे, दावे, बात या प्रतिज्ञा से न पलटे" , true to one 's word

कौल करार (स.पु) (*A*) - क़ौल-व-क़रार, परस्पर प्रतिज्ञा, किसी वस्तु को पूजने या स्वीकार करने की प्रतिज्ञा, mutually promising, to promise to worship or confess something or someone.

क्वेल / क्वैल (स पु) (*E*) - कोयला, coal, charcoal

क्वेलतार (स पु) (*E*) - डामर, तारकोल, कोलतार (from coaltar), coaltar

***

ख

खंजर (सं.पु.) (A) - ख़ंजर, छोटी तलवार, कटार, छुरी, a curved dagger

खंदक (सं. स्त्री) (A) - ख़ंदक़, बड़ा गड्ढा, खाई, ditch, moat, trench

खजांचि (सं. पु) (A +P) - ख़ज़ांची, (अरबी शब्द ख़ज़ाना + ची फ़ारसी प्रत्यय) रोकड़ और आय-व्यय का हिसाब रखने वाला, कोषाध्यक्ष, रोकड़िया, treasurer, cashier

खजा़न / खजा़ण (सं.पु.) (A) - ख़ज़ाना, धन-सम्पत्ति, कोषागार, धनागार, treasury, finance, revenue, store

खत (सं.पु.) (A) - ख़त, पत्र, चिट्ठी, letter

खतम / खत्म (वि.) (A) – ख़त्म, ख़तम, समाप्त, अंत या मृत्यु को प्राप्त, नष्ट, मृत, end, finished, completed

खतर / खत्र (सं.पु.) (A) - ख़तरा, संकट, डर, भय, त्रास, जोखिम, danger, risk

खतरनाक (वि.) (A + P) - ख़तरनाक, डरावना, भयावह, जोखिम में डालने वाला, risky, dangerous

खता (सं. स्त्री) (A) - ख़ता, अपराध, कसूर, भूल-चूक, दोष, mistake, fault

खपसूरत (वि.) (P) - ख़ूबसूरत, सुंदर, रूपवान, जिसकी सूरत अच्छी हो, of beautiful face or form, beautiful, handsome

खपसूरती (सं. स्त्री) (P) - ख़ूबसूरती, सुंदरता, सौन्दर्य, beauty, handsomeness

खपति / खपति (वि.) (A) - ख़ब्ती, (ख़ब्त शब्द से बना जिसका अर्थ है सनक, जुनून, धुन पागलपन), झक्की, सनकी, पागल, सिरफिरा, अधपगला, mad, crazy, whimsical

खबर (सं. स्त्री) (A) - ख़बर, समाचार, वृतांत / हाल (किसी घटना का), सूचना, घटनाओं का ब्यौरा, news, information, report, message

खबरदार (वि.) (A +P) - ख़बरदार, सचेत, जागरूक, होशियार, चैतावनी देने का सम्बोधन जैसे, "ख़बरदार! अब एक कदम भी आगे मत बढ़ाना", watchful, careful, be careful.

खबरदारि (सं. स्त्री) - सावधानी, सतर्कता, होशियारी, watchfulness, carefulness

खबरबात (सं. स्त्री) (A) - कुशल-मंगल, ख़ैर-ख़बर, हालचाल, eagerness to know the wellbeing of someone else, infomation

खबरि (सं. पु) (A +P) - ख़बरी, ख़बर या संदेश लाने वाला, संदेशवाहक, दूत, messenger, envoy

खवीश / खबीस (वि.) (A) – ख़बीस, बदमाश या दुष्ट स्वभाव का, दुष्टात्मा, निर्दयी, राक्षस, डरावना, भूतप्रेत, wicked, foul, wretch, an evil sprit (प्र० - खबीस हुण = राक्षस होना)

खमिर / खमीर (सं. पु) (A) - ख़मीर, गुँधे हुए आटे या मैदा का सड़ाव जो आटे या मैदा को स्पंजी बनाने में काम

आता है, किसी पदार्थ या व्यक्ति की मूल प्रवृति ,
leaven, yeast, kneaded and leavened
dough, the stuff of (one 's) nature

खरच (*सं. पु*) (*P*) - ख़र्च, व्यय, लागत, वस्तु धन,
शक्ति का होने वाला उपभोग, expenses,
expenditure, cost, outgoings

खरचण (*क्रि*) (*P*) - ख़ र्च करना, to spend (मु० -
खरचौ न खाऔ चोर हूँ पहरावौ = जो न ख़र्च करता है
और न खाता है उसका धन दूसरों /चोरों के काम आता
है)

खरचिल (*वि.*) (*P*) - ख़र्चीला, आवश्यकता से अधिक
ख़र्च करने वाला, extravagant, expensive (an
object)

खरचीण (*अ क्रि*) (*P*) - ख़र्च हो जाना, to be spent
(खर्च, खरच, खर्चपाणि = निर्वाह करने हेतु धन,
खर्चपात, खर्चपाणि, खर्चिल = अधिक खर्चा करने
वाला), ये सभी शब्द फ़ारसी शब्द 'ख़र्च' से बने हैं ।

खरबुज (*सं. पु*) (*P*) - ख़रबूज़ा, sweet melon

खराप / खराब (*वि.*) (*A*) - ख़राब, बुरा, बिगड़ा हुआ, निकृष्ट, विकृत, worthless, inferior, corrupt, indecent, spoiled

खरापी / खराबी (*सं. स्त्री*) - ख़राबी, defect, deficiency, harm, loss

खराश (*सं. स्त्री*) (*P*) - ख़राश, खरोंच, छिलन, खुजली, scratch, scraping, clawing, hoarshness or irritation of the throat.

खरीद (*सं. स्त्री*) (*P*) - ख़रीद, ख़रीदने की क्रिया या भाव, buying, purchasing.

खरीदण (*स क्रि*) (*P*) - ख़रीदना, मूल्य चुका कर किसी वस्तु को प्राप्त करना, to buy, to purchase.

खरीदार (*सं.पु.*) (*P*) - ख़रीदार, ख़रीददार, क्रेता, ग्राहक, खरीदने वाला, purchaser, customer

खरीदारी (*सं. स्त्री*) (*P*) - ख़रीदारी, ख़रीददारी, वस्तु ख़रीरदारी की क्रिया या भाव, क्रय, purchasing.

खलास (*सं. पु*) (*A*) - ख़लास, समाप्त, ख़त्म, ख़ाली, बंधनमुक्त, निर्धन, release, discharge (from service), relief (from any burden), freed, released, needy, poor

खलासी (*सं. पु*) (*A*) - ख़लासी, जहाज़ों रेलो, बसों में काम करने वाला श्रमिक, मुक्ति, छुटकारा, a sailor, a crew member, porter

खसम (*सं. पु*) (*A*) - ख़सम, पति, स्वामी, husband, master (प्र0-मुल्क कुमाऊँ में कफुवा बासों, ज्वेकन हेगो खसम को झांसों)

खसर (*सं. पु*) (*P*) - ख़सरा, हिसाब का कच्चा-चिट्ठा, खर्रा, पटवारी या लेखपाल का वह काग़ज़ या बही जिसमें खेती / जमीन संबंधी हिसाब-किताब लिखा होता है, a village book-keeper's list of fields, revenue surveyor's field-book, a document of land record

खस्त / खश्त (*वि.*) (*A*) - ख़स्ता, कुरकुरा, मोयनदार, भुरभुरा, मुलायम, टूटा हुआ, जीर्णशीर्ण, घायल, उदास, खिन्न, दुर्दशाग्रस्त, wounded, broken, fragile, brittle, crisp (as pastry), tired (प्र0 - अच्याल वीकि हालत भौत खस्त हेगे =आजकल उसकी स्थिति बहुत दुर्दशाग्रस्त हो गई है)

खस्सी (सं. पु) (A) - ख़स्सी, बंधिया किया हुआ पशु, बकरा, बंधिया किया हुआ, हिजड़ा, a castrated animal (specially a goat), castrated, eunuch

खाक (सं. स्त्री) (A) - ख़ाक, धूल, मिट्टी, राख, तुच्छ, dust, earth, ashes, nothing at all, useless (प्र० - खाक में मिलूण = पूरी तरह बर्बाद या समाप्त कर देना)

खातर (अव्यय) (A) - (अरबी 'ख़ातिर' से बना शब्द), लिये, वास्ते, कारण, for, because of

खातिर (सं स्त्री) (A) - ख़ातिर, सत्कार, आवभगत, सम्मान, regard, respect, considerate attention, hospitality

अन्य शब्द जो ख़ातिर से बने हैं –

आतिर खातिर- स्वागतसत्कार

खातिरी-खातिरदारी करने वाला

खातिरदार- आवभगत करने वाला

खातिरदारी- मान-सम्मान, आवभगत

खादिम (सं. पु) (A) - ख़ादिम, ख़िदमगार, सेवक, मुसलमानों में दरगाह का रक्षक या सेवक, a servant, attendant, caretaker of a mosque or mazar (tomb)

खानदान (सं. पु) (P) - ख़ानदान, वंश, कुल, घराना, family, family line, dynasty

खानदानी (वि.) (P) - पुश्तैनी, पैतृक, अच्छे कुल या वंश का, कुलीन, श्रेष्ठ, hereditary, of good family

खाब (सं. पु) (P) - ख़्वाब, सपना, स्वप्न, dream, vision

खामुखाँ (क्रि.वि.) (P) - ख़्वामख़्वाह, अनावश्यक, बेवजह, न चाहते हुए भी, ज़बरदस्ती, बेकार ही, willy-nilly, of necessity

खामोश (वि.) (P) - ख़ामोश, मौन, चुप, शांत, silent, calm, quiet

खामोशि (सं. स्त्री) (P) - ख़ामोशी, मौन, चुप्पी, शांति, silence, quietness

खार (सं.पु.) (P) - ख़ार, जलन, ईर्ष्या, द्वेष बैरभाव, गुस्सा, फांस, कांटा, envy, jealousy, rancour, a thorn (प्र० - खार खाणों =खार खाना to feel rancorous or jealous)

खारिज *(वि.)* *(A)* - ख़ारिज, बहिष्कृत , निकाला हुआ, जिसकी सुनवाई न हो, अस्वीकृत, निरस्त रद्द किया गया, being out of, excluded, rejected (प्र० - खारिज करण=रद्द करना)

दाख़िल खारिज *(स.पु)* *(A)* – दाख़िल-ख़ारिज, सरकारी भूअभिलेख में एक व्यक्ति का अधिकार ख़त्म कर उसके स्थान पर दूसरे व्यक्ति का नाम खाता खतौनी में प्रविष्ट करने की प्रक्रिया, mutation, change, altercation

खालि *(वि.)* - ख़ाली, जिसके अंदर कुछ न हो, रिक्त, जिसमें कुछ भरा न हो, बेकार, अनुपयोगी, empty, blank, unobstructed (path), not busy, vacant, useless, (प्र० - खालि हात मुख में नि जां = ख़ाली हाथ भी मुहँ में नहीं जाता अर्थात बिना धन या ज्ञान के कोई कार्य नहीं होता)

खाविंद *(सं. पु)* *(P)* - ख़ाविंद, पति, ख़सम, शौहर, स्वामी, मालिक, lord, master, husband

खास *(वि.)* *(A)* - ख़ास, किसी विशिष्ट वस्तु या व्यक्ति से संबंध रखने वाला, विशेष, जो साधारण या आम न हो, मुख्य, प्रधान, महत्वपूर्ण, particular, special,

distinct, express, main, chief, important
(प्र०- खास हुण = महत्वपूर्ण या विशिष्ट होना)

खासकर (*क्रि.वि.*) (A) - ख़ासकर, विशेष रूप से, विशेषतः, खासतौर से, in particular, specially

खास्यत / खासयत / खासियत (*स स्त्री*) (A) - ख़ासियत, खास होने का भाव, विशेषता, विशिष्टता, अच्छाई, ख़ूबी, स्वभाव, गुण, characteristic, peculiarity, distinctive quality

खासा (*वि.*) (A) - ख़ासा, अच्छा, भला, बढ़िया, भरपूर, ख़ूब, काफ़ी, good, fine, pleasing, very

खाहम-खाह (*अवयय*) (P) - दे 0 -खामुखाँ

खाहिश (*सं. स्त्री*) (P) - ख़्वाहिश, अभिलाषा, कामना, इच्छा, तलब, चाहत, महत्वाकांक्षा, wish, desire, request.

खिजमत (*सं. स्त्री*) (A) - ख़िदमत, टहल, सेवा, चाकरी, service, work, employment,

खिजमतगार (*सं. पु*) (P) - ख़िदमतगार, सेवक, नौकर, a servant, an attendant

खिजमतगारी (*सं. स्त्री.*) (*P*) - ख़िदमतगारी, ख़िदमत का काम या पद, टहल, सेवा, service, attendance, readiness to serve

खिजमती (*वि.*) (*P*) - ख़िदमती, ख़ूब सेवा-टहल करने वाला, सेवक, नौकर, सेवा या ख़िदमत के बदले जो प्राप्त हुआ हो जैसे जागीर, खेत आदि, attentive in service, granted in reward for service (as an estate), servant, attendant

खिजाप (*सं.पु.*) (*A*) - ख़िज़ाब, सफेद बालों को काला करने बाला रसायन, लेप, केशकल्प, dyeing the hair, a hair-dye

खिलाप (*वि.*) (*A*) - ख़िलाफ़, जो किसी व्यक्ति, मत या विचार का विरोधी हो, विपरीत, विरूद्ध, उल्टा, opposite, opposition, contrary, against

खिलाफत (*स पु*) (*A*) - ख़िलाफ़त, विरोध, विरोध करने की क्रिया या भाव, opposition

खुद (*सर्व*) (*P*) - ख़ुद, स्वयं, अपने आप, निजवाचक सर्वनाम (reflexive pronoun), self, (myself, yourself, himself, itself)

खुदकुशी (*सं. स्त्री*) (*P*) - ख़ुदकुशी, आत्महत्या, आत्मघात की क्रिया या भाव, suicide, self-murder

खुदगरज / खुदगर्ज (*वि.*) (*P*) - ख़ुदग़र्ज़, ख़ुदग़ारज़, अपना हित चाहने वाला, स्वार्थी, मतलबी, आत्मकेंद्रित, selfish, self-interested

खुदगर्जी (*सं. स्त्री*) (*P*) - ख़ुदग़ार्जी, ख़ुदग़ारज़ी, स्वार्थपरता, selfishness, self-interestedness

खुदपरस्ती (*सं. स्त्री*) (*P*) - ख़ुदपरस्ती, स्वार्थपरता, घमंड, खुद को बड़ा या महत्वपूर्ण समझने का भाव, state of self-worshiping, selfishness

खुदा (*सं. पु*) (*P*) - ख़ुदा, ईश्वर, परमत्मा, God

खुनि (*वि0*) (*P*) - ख़ूनी, हत्यारा, क़ातिल, murderer, assassin, having to do with blood or with murder.

खुन्योल / खुनयोव (*सं. स्त्री*) (*P*) - अत्यधिक खून बहने की दशा, रक्तपात, bloodshed

खुमार (*सं. पु.*) (*P*) - ख़ुमार, मदहोशी, नशा, आलसपन, शरीर में नशे की थकावट, intoxication, hangover, drowsiness, power to charm

खुमारी (*सं. स्त्री*) (*P*) - ख़ुमारी, आँखों में छाया मद, नशा, नशा उतरते समय होने वाली सुस्ती, state of drowsiness, hangover, intoxication

खुराकी (*स स्त्री*) (*P*) - ख़ुराकी, भोजन आदि की सामग्री, ख़ुराक के एवज में दिया गया पैसा, daily allowance (to purchase food), subsistence allowlance, one who is fond of food.

खुराग (*सं. स्त्री*) (*च्*) - ख़ुराक, पौष्टिक आहार, व्यक्ति एक बार में जितना भोजन खा सके, भोज्य पदार्थ, दवा की माप, dosage, meal, diet, dose of medicine, regulated allowance of food

खुलास (*सं. पु*) (*A*) - ख़ुलासा, निष्कर्ष, विस्तार , सार, निचौड़, संक्षिप्त, स्पष्ट, substance, essence, gist, outcome, explicit, evident

खुश (*वि0*) (*P*) - ख़ुश, प्रसन्न, आनंदित, हर्षित, सुखी, pleased, glad, happy.

खुसक / खुशक़ (*वि0*) (*P*) - ख़ुश्क, सूखा, रूखा, शुष्क, रसहीन जिसमें नमी शेष न रही हो , dry, parched, withered

खुशकि / खुश्कि (सं स्त्री) (P) - ख़ुश्की, शुष्कता, सूखापन, रूखापन, नीरसता, अकाल, dryness, dry land, drought, dandruff

खुशकिस्मत (वि0) (P) - ख़ुशक़िस्मत, नसीब वाला, भाग्यशाली, fortunate, lucky

खुशकिस्मती (सं. स्त्री) (P) - ख़ुशक़िस्मती, सौभाग्य, अच्छा भाग्य, अच्छी क़िस्मत, good fortune, good luck

खुशखबरी (सं. स्त्री) (P) - ख़ुशख़बरी, शुभ समाचार, अच्छी ख़बर, मन को प्रसन्न करने वाली सूचना, good news

खुशदिल (वि0) (P) - ख़ुशदिल, प्रसन्नचित्त, jovial, merry, cheerful, happy

खुशनसीब (वि0) (P) - ख़ुशनसीब, भाग्यवान, जिसका नसीब/भाग्य अच्छा हो, fortunate, lucky

खुशबू (सं. स्त्री) (P) - ख़ुशबू, अच्छी गंध, महक, सुगंध, सुवास, fragrance, aroma, perfume, scent

खुशमिजात (*वि0*) (*P*) - ख़ुश मिज़ाज, हंसमुख, ख़ुश रहने वाला, प्रसन्नचित, chrreful, gay, good-tempered, of cheerful temperament

खुशहाल (*सं. पु*) (*P +A*) - ख़ुशहाल, सम्पन्न, समृद्ध सुखी, in good and satisfactory circumstances, happy

खुशामत (*सं. स्त्री*) (*P*) - ख़ुशामद, किसी की झूठी प्रशंसा करके काम निकालना, चापलूसी, सेवा, टहल, flattery, fawning

खुशामती (*वि0*) (*P*) - ख़ुशामदी, चापलूस स्वभाव का आदमी, खुशामद करने वाला, flatterer, sycophant

खुशि (*सं. स्त्री*) (*P*) - ख़ुशी, प्रसन्नता, प्रफुल्लता, हर्ष, इच्छा, मर्ज़ी, happiness, pleasure, cheerfulness, consent

खूँखार (*वि0*) (*P*) - खूंरूव्वार, ख़ून पीने या पान करने वाला, रक्तपायी, हिंसक, क्रूर, blood thirsty, murderous, cruel

खून (*सं. पु*) (*P*) - ख़ून, रक्त, लहू, हत्या, क़त्ल, blood, killing, murder

खूनखराबी (सं. स्त्री) (*P*) - ख़ून-ख़राबी / ख़ून-ख़राबा, रक्तपात वाली लड़ाई या हिंसा, मारकाट, bloodshed,

खूनपसिण (संपु) (*P + Sanskrit*) - ख़ून-पसीना, कड़ी मेहनत, कठिन परिश्रम (ख़ून पसीना एक करना अर्थात कड़ी मेहनत करना), पूरी ताक़त और मेहनत से किया गया कार्य, कमाया गया धन आदि, hard work, hardship

खूनी (सं.पु.) - ख़ूनी, हत्यारा, क़ातिल, रक्त संबंधी, having to do with blood, or murder, assassin, murderer

खूप / खूब (*वि0*) (*P*) - ख़ूब, बहुत, काफ़ी, अधिक, श्रेष्ठ, उत्तम, बढ़िया, fine, splendid, very much, lots of, very well

खूबी (सं. स्त्री) (*P*) - ख़ूबी, अच्छाई, भलाई, विशेषता, गुण, सौन्दर्य, peculiarity, beauty, virtue, excellence

खेस / खेश (सं. पु) (*P*) - हाथ से काते हुए सूत की मोटी चादर जिसे शॉल की तरह ओढ़ा जाता है । a kind of heavy patterned cloth, a shawl of such cloth

खैर (*सं. स्त्री*) (*A*) - ख़ैर, शुभ, कुशल, मंगल, ख़ैरियत, सलामती, (अव्यय के रूप मे विभिन्न अर्थों में प्रयुक्त यथा "कोई बात नहीं ", "जो भी हो", "कुछ चिंता नहीं "आदि), well-being, welfare (as interjection - indeed, really, well then, in that case)

खैरात (*सं. स्त्री*) (*A*) - ख़ैरात, दान, भिखवारियों को दिया जाने वाला पैसा या सामान, मुफ़्त में मिली हुई चीज़, alms, donation (for any charitable purpose)

खैराती (*वि0*) (*A*) - ख़ैराती, ख़ैरात या दान के रूप में मिला हुआ, ख़ैरात संबंधी या ख़ैरात के धन से संचालित, charitable (a gift or service)

खैरियत / खैरयत (*सं. स्त्री*) (*A+P*) - ख़ैरियत, कुशलक्षेम, कल्याण, राज़ीख़ुशी, सलामती, well - being, safety, good fortune.

ख्यानत (*सं. स्त्री*) (*A*) - ख़यानत, धरोहर के रूप में रखी हुई वस्तु को हड़प लेना, बेईमानी, भ्रष्टचार, विश्वासघात (अमानत में ख़यानत), breach of trust, to be unfaithful.

ख्याल (सं. पु) (*A*) - ख़याल, ध्यान, विचार, भ्रम, अनुमान, वहम, thought, idea, opinion, notion, attention, care

खोम्च (सं. पु) (*P*) - ख़ोंचा या ख़ोनचा, ख़ोमचा, ऐसा थाल या बर्तन जिसमें फेरी काले मिठाइयां आदि बेचते हैं, a hawker's tray or case

***

ग

गंद (*वि0*) (*P*) - दूषित, मलिनता, अपवित्रता, दुर्गंध, बुरी चीज़, बुरी बात, ख़राबी, a smell, stench, filth

गज (*सं. पु.*) (*P*) - गज़, तीन फीट (36 इं च) लंबाई की मापक इकाई, इस माप के लिये बनाई गई लकड़ी या लोहे की पट्टी, a measure of length, formerly approximately 33 inches, a yard, an instrument for measuring

गजट (*सं. पु*) (*E*) - गज़ट, राजपत्र, शासन संबंधी सूचनाऐं प्रकाशित करने का एक राजकीय पत्र, gazette

गजटेड (*वि0*) (*E*) - गज़टेड, राजपत्रित, gazetted

गजप / गजब (*सं. पु*) (*A*) - ग़ज़ब, अनर्थ, अंधेर, आश्चर्य, विपदा, क्रोध, भारी हानि, विलक्षण बात, विशेष घटना, wonder, anger, violence, disaster, something extreme, excessive, splendid, extraordinary

गजल (स स्त्री) (P) - ग़ज़ल, उर्दु, हिंदी या फ़ारसी में मुख्यता प्रेम विषयक काव्य, a metrical poem on an amatory theme

गदर / गद्दर (सं. पु) (A) - ग़दर, क्रांति, विद्रोह, बलवा, शोरगुल, faithlessness, rebellion, revolt, disturbance, mutiny

गदरगोल (सं. स्त्री) (A) - (ग़दर से बना शब्द), गोलमाल, अनियमितता, उलझन, ग़दर, turmoil, disorder, disturbance, irregularity

गदरयोल (स.स्त्री) (A) - अत्यधिक अव्यवस्था, भगदड़, disorder, mismanagement (प्र० - गदरयोई या गदरयोल मचूण = अपनी बेतुकी हरकतों से हुड़दंग मचाना)

गद्दार (स पु) (A) - ग़द्दार, बाग़ी, विश्वासघाती, द्रोही, विद्रोही, an apostate, rebel, traitor

गद्दारी (स स्त्री) (A) - ग़द्दारी, अपने संगठन, दल या देश का अहित कर शत्रु को लाभ पहुँचाने का भाव, विश्वासघात, treachery, act of a traitor or rebel

गनीमत (सं. स्त्री) (A) - ग़नीमत, संतोष की बात, बड़ी बात, a piece of good fortune, consoling factor, to be pleased (about something), "ग़नीमत समझना" to regard as good fortune, "ग़नीमत है कि —" - It is a lucky thing that —

गफ (*वि0*) (*P*) - गफ़, कसकर बुना हुआ, घना बुना हुआ (झीना का विलोम), मोटा कपड़ा, thick, of close texture (material)

गफलत (*सं. स्त्री*) (*A*) - ग़फ़लत, भूल, चूक, असावधानी, लापरवाही, आलस्य, neglect, forgetfulness, inattention, heedlessness, unconsciousness

गफलती (*वि0*) (*A*) - ग़फ़लती, बेपरवाह, असावधान, आलसी, neglectful, inattentive, heedless

गबन / गमन/ गभन / गपत (*सं.पु.*) (*A*) - ग़बन, दूसरे का धन अनुचित तरीक़े से हड़पना, ख़यानत, misappropriation, fraud

गबरनर / गभरनर (*सं. पु*) (*E*) -गवर्नर, हाकिम, शासन करते वाला, राज्यपाल, governor

गबरनरी / गभरनरी (*सं. स्त्री*) (*E*) - स्वयं को बड़ा, ऊँचा दिखाने का भाव, sense of superiority

गबरमेंट / गभरमेंट (सं. स्त्री) (E) सरकार, शासन-तंत्र, government

गम (सं. पु) (A) - ग़म, दुख, शोक, चिंता, sadness, sorrow, care, concern, (प्र०- गम खै, कम खै, निर्भय रै = दुख को सहन कर, कम भोजन से संतुष्ट होकर बेफ़िक्र रहना)

गमी (सं. स्त्री) (A) - ग़मी, मातम, मृत्युशोक, मृत्यु, वह शोक जो किसी के मरने पर होता है, time of sorrow, death mourning

गरज (सस्त्री) (A) - ग़रज़, उद्देश्य, प्रयोजन, इच्छा, आशय, मतलब, आवश्यकता, motive, purpose, need, desire, interest, concern (प्र ०- गरज बलैंछ = जैसी ज़रुरत वैसी बोली या बात)

गरजमंद (वि0) (A) - ग़रज़मंद, ज़रूरत वाला, स्वार्थी, इच्छुक, चाहने वाला, needy, self interested, concerned, desirous.

गरधन / गरदन (सं. स्त्री) (P) - गला, ग्रीवा, प्राणियों के धड़ और सिर के बीच का अंग, सुराही आदि के मुंह के नीचे का तंग पतला भाग, the neck, the throat, the neck (as of a flask)

गरदिश (*सं. स्त्री*) (*P*) - गर्दिश, दुर्भाग्य, विपत्ति, संकट, कुदशा, बुरे दिन, adversity, bad luck, change of furtune, hard times.

गरम (*वि0*) (*P*) - उष्ण, तप्त, जिसे छूने पर ताप की अनुभूति हो, क्रोधित, hot, angree

'गरम' शब्द के कुछ अन्य प्रयोग –

गरमा गरमी-उत्तेजक बहस या कहा -सुनी (गरमागरमी हुण), heated argument, hot talk

गरमागरम - उसी समय पकाकर प्रस्तुत किया गया (भोजन), उत्तेजक, ताज़ा (समाचार, बहस)

गरमदल - उग्र या कठोर विचार-धारा रखने वाला समूह

गरम मिज़ाज - गरम स्वभाव, quick-tempered

गरमाई - गरमी, heat

गरमाट - गरमाहट, warmth

गरार / गरारा (*स.पु*) (*A*) - ग़रारा, मुंह मे पानी भरकर किया जाने वाला गर-गर शब्द, पायजामे की ढीली मोहरी, gargling, a gargle, wemen's loose trousers

गरीब (वि0) (A) - ग़रीब, निर्धन, कंगाल, दरिद्र, धनहीन, विनम्र, poor, humble, modest

गरीबण् (अ क्रि) (A) - ग़रीब होना, निर्धन होना, धन की कमी होना, to become poor.

गरीबि / गरीबी (सं. स्त्री) (A) - ग़रीबी, दरिद्रता, दीनता, निर्धनता, कंगाली, poverty, lowliness, humility

गरूर (सं. पु) (A) - ग़रूर, अभिमान, घमंड, गर्व, pride, vanity

गिरोह (सं. पु.) (P) - समूह, टोली, जमात, समुदाय, झुंड, group, party, band (of people)

गर्डर (सं. पु) (E) - लोहे की लम्बी मोटी बल्ली या बल्ला, शहतीर, girder, beam

गर्द (सं स्त्री) (P) - गर्द, राख, धू ल, मिटटी, रज, dust

गलिच (सं. पु) (A) - ग़लीचा, ग़ालीचा, कालीन, ऊन या सूत से बुना हुआ मोटा बिछौना, a small carpet

गलत (वि0) (A) - ग़लत, अनुचित, असत्य, जो सही नही है, incorrect, wrong, false, untrue

गलती / गलति (स स्त्री) (A) - ग़लती, त्रुटि, कमी, दोष, mistake, error, inaccuracy, misconception

गलीज (वि0) (A) - ग़लीज, गंदा, मैला, मलिन, अपवित्र, नापाक, अलीत, dirty, impure, filthy, rubbish

गलोबन्द / गुलोबन्द / गलूबंद (सं. पु) (P) - गुलुबंद, गले में पहना जाने वाला पट्टीनुमा गहना, ज़ेवर, सर्दी में सिर, कान या गर्दन में लपेटने के लिए चौड़ा पट्टीनुमा ऊनी वस्त्र, मफ़लर an ornament for women's throat or neck, this word is derived from Persian word gulu (गुलू) which means neck or throat

गल्ल (सं. पु) (P) - ग़ल्ला, अन्न, अनाज, उपज, grain, daily proceeds of sales

गवाह / गभा (सं.पु.) (P) - किसी बात या घटना का प्रत्यक्षदर्शी, साक्षी, a witness (as of an event, or to a statement)

गवाही / गभाई (सं. स्त्री) (P) - साक्ष्य, साक्षी, गवाह का कथन या बयान, testimony, evidence

गश (सं. पु) (A) – ग़ाश, मूच्छर्ा, बेहोशी, चक्कर, fainting, fit

गश्त (सं. स्त्री) (P) – गश्त, पहरा, सुरक्षा के लिये चक्कर लगाना, भ्रमण, टहलना, दौरा, going round, patrolling (as of guards), a round.

गाइड (स.पु) (E) - पथ प्रदर्शक, मार्ग दर्शक, संदर्शिका, guide

गार्ड (सं. पु) (E) - रक्षा करने के लिए तैनात व्यक्ति, रक्षक, guard

गिजा (सं. स्त्री) (A) - ग़िज़ा, पौष्टिक, आहार, ख़ुराक, भोजन, food, diet

गिरब्दार / गिरफतार (वि0) (P) - गिरफ़्तार, किसी अपराध या दोष मे अधिकारियों द्वारा पकड़ा गया (गिरफ़्त में लिया गया) व्यक्ति, क़ेदी, बंदी, arrested, seized.

गिरब्दारी (सं. स्त्री) (P) – गिरफ़्तारी, गिरफ़्तार होने की अवस्था, पुलिस द्वारा पकड़ा जाना, arrest, detention, imprisonment

गिरबि / गिरवि (*वि0*) (*P*) - गिरवी, बंधक जो रेहन रखा गया हो, बंधक रखी हुई चीज़, pledged, pawned, a mortgage.

गिलाफ (*सं. पु*) (*A*) – ग़िलाफ़, रजाई या तकिए आदि का खोल, कपड़े का बाहरी आवरण जो भीतर की चीज़ को गंदा होने से बचाता है, covering, cover, pillowcase, quilt

गिलास (*सं. पु*) (*E*) - ग्लास, धातु या काँच का बर्तन जो नीचे से पतला ऊपर की ओर चौड़ा होता है और चाय, पानी, दूध आदि पीने के लिए प्रयोग में लाया जाता है, glass, a tumbler, a mug

गुंजैश (*सं. स्त्री*) (*P*) - गुंजाइश, क्षमता, सामर्थ्य, किसी चीज़ में मोजूद ख़ालीपन, कुछ होने की संभावना, space, room, scope, opportunity, margin, profit

गुंबज (*सं. पु*) (*P*) - गुंबद, इमारत का अर्ध गोलाकार शिखर भाग, गुंबज, an arch, a dome, cupola, tower

गुजर (*स.पु*) (*P*) - गुज़र, गुज़ारा, जीवनचर्या, जीवन निर्वाह, life, existence,

गुजरण (अ. क्रि) (*P*) - गुज़र होना, निर्वाह होना, व्यतीत होना, passage of time, passing, to live.

गुजारण (स क्रि) (*P*) - गुज़ारना, काटना या बिताना, व्यतीत करना, to spend (one's life or time), to cause to pass.

गुजा्र / गुजारा / गुजारो (स पु) (*P*) - गुज़ारा, निर्वाह, गुज़र, समय बिताना, life, existence, the spending of time, the means of existence

गुदाम (सं. पु) (*E*) - गोदाम, वह बड़ा कमरा या स्थान जहाँ बिक्री का माल एकत्र रहता है, godown, a store, a warehouse, depot

गुना (सं. पु) (*P*) - गुनाह, अपराध, पाप, कसूर, दोष, sin, fault, offence, vice, guilt

गुनागार (सं. पु) (*P*) – गुनाहगार, गुनहगार, अपराधी, दोषी, पापी, कसुरवार, guilty, sinner

गुबार (सं. पु) (*P*) - गुबार, धूल, गर्द जिसके कारण चीजें धुंधली नज़र आती हैं, मन में दबा हुआ दुर्भाव या क्रोध, शिकायत, मैल, भड़ास, dust, dust -storm, expression of ill-feeling for someone

गुम (*वि0*) (*P*) - गुम, अप्रकट, गुप्त, खोया हुआ, लापता, wanting, missing, (as alertness, intelligence), absent, hidden.

गुमान (*सं. पु*) (*P*) - गुमान, अभिमान, अहंकार, गर्व, नाराज़गी, रूखाई, pride, haughtiness, imagination

गुमाश्ता (*सं.पु.*) (*P*) - गुमाश्ता, अभिकर्ता के रूप में कार्य करने वाला कर्मचारी, बड़े व्यापारी की ओर से खरीदने-बैचने के लिए नियुक्त कोई व्यक्ति (agent), a deputed agent, business representative

गुर्द (*सं. पु*) (*P*) - गुरदा, kidney

गुल (*सं. पु*) (*P*) - फूल, a rose, a flower

गुलछर (*सं.पु.*) (*P*) - गुलछर्रा, मौजमस्ती, चैन, ऐश, अनुचित भोग विलास, a life given over to pleasures

गुलदस्त (*सं. पु*) (*P*) - कई प्रकार के फूलों और कलियों को सजाकर बाँधा गया गुच्छा, a bunch of flowers, flowerpot

गुलदान (सं. पु) (*P*) - फूलदान, फूल रखने का पात्र, flower-vase, flowerpot

गुलाप / गुलाब (सं. पु) (*P*) - एक प्रसिद्ध कँटीला पौधा और उसके सुंदर व सुगंधित फूल, a red rose, a famous flower

गुलाब जल (सं. पु) (*P +Sanskirt*) - गुलाब के फूलों का अर्क़, rose-water

गुलाब जामुन (सं. पु) (*P +Hindi*) - खोए की एक प्रसिद्ध मिठाई जो चाशनी में डूबी होती है, a sweet made from khoya and soft milk cheese fried in ghee and soaked in sugar syrup

गुलाबि (*वि0*) (*P*) - गुलाबी, गुलाब के फूलों जैसा रंगवाला, having to do with roses, pink, delicate.

गुलाम (सं. पु) (*A*) - गुलाम, दास, सेवक, ताश का एक पत्ता जिसमें गुलाम का चित्र बना होता है, a slave, a servant, the jack in cards

गुलामी (सं. स्त्री) (*A*) - गुलामी, दासता, अधीनता, slavery

गुल्लु (सं. पु) (*from Arabic word gulam*) - ताश के पत्ते का गुलाम, the jack in cards

गुलेल / गुल्याड़ि (*सं. स्त्री*) (*P*) - लकड़ी और रबर की पट्टी से बनाया गया एक छोटा उपकरण जिससे कंकर या मिट्टी की गोलियाँ चलाई जाती हैं, a pellet-bow, catapult

गुशल / गुसल (सं. पु) (*A*) -गुश्ल, गुशलख़ाना, नहाने का कक्ष, स्नानागार , नहाने की क्रिया, (यह अरबी शब्द "गुस्ल "का रूपांतरण है जिसका अर्थ है स्नान करना, शरीर को धोना) bathroom, bathing, washing

गुशलखाण (*सं. पु*) (*A +P*) - गुस्ल -ख़ाना गुस्ल अरबी शब्द और ख़ाना फ़ारसी प्रत्यय है, स्नानागार, bathroom

गुशैल / गुस्सैल (*वि0*) (*A + Hindi*) - गुस्सैल, बात बात पर गुस्सा करने वाला, क्रोधी, क्रोधी स्वभाव वाला, quick-tempered

गुस्स (*सं. पु*) (*A*) - गुस्सा, क्रोध, कोप, रोष, anger, rage (प्र0 - गुस्स खौ आपणि मौ, बुद्धि खौ बैरि कि मौ अर्थात व्यक्ति गुस्से से स्वयं को और बुद्धि के प्रयोग से शत्रु को चोट पहुंचाता है ।)

गेट (सं. पु) (E) - द्वार, फ़ाटक, मुख्य द्वार, दरवाज़ा, प्रवेशद्वार, gate, door

गैब (वि0) (A) - ग़ायब, अदृश्य, लुप्त, अनुपस्थित, disappeared, vanished, absent.

गैबी (वि0) (A) - ग़ैबी, गुप्त, छिपा हुआ, ईश्वरीय या अप्रत्यक्ष शक्ति वाला, invisible, hidden.

गैर (वि0) (A) - ग़ैर, पराया, बेगाना, अन्य, जो अपना नहीं है, other, non-related, unknown, strange

गैर आबाद (वि0) (A) - ग़ैर आबाद, जो बसा न हो, उजाड़, परती (ज़मीन), unpopulated, unsettled

गैरआबादी (सं. स्त्री) (A) - ग़ैरआबादी, आबाद न होने की अवस्था, state of being unsettled.

गैरइंसाफी (सं. स्त्री) (A) - ग़ैर इंसाफ़ी, अन्याय, injustice

गैरकानूनी (वि) (A) - ग़ैरक़ानूनी, अवैधानिक, अवैध, आपराधिक, illigal, unlawful

गैरजिम्मेदार /गैरजिम्मेवार (*वि0*) (*A + P*) - ग़ैर ज़िम्मेदार, दायित्वहीन लापरवाह, irresponsible

गैरमर्द (*स पु*) (*A*) - ग़ैर-मर्द, दूसरा व्यक्ति जो पति नहीं है, a man who is other than a husband

गैरमा्मल (*सं. पु*) (*A*) - दूसरे से संबंधित, related to someone else

गैरमामूली (*वि0*) (*A*) - ग़ैरमामूली, असाधारण, विशिष्ट, जो ख़ास हो, extraordinary

गैरमुनासिब (*वि0*) (*A*) - ग़ैरमुनासिब, अनुचित, inappropriate, improper

गैरमोजूदगी (*सं. स्त्री*) (*A +P*) - ग़ैरमौजूदगी, अनुपस्थिति, ग़ैरहाज़िरी, absence

गैरवाजिब (*वि0*) (*A*) - ग़ैरवाजिब, अनुचित, ग़लत,

गैरसरकारी (*वि0*) (*A*) - ग़ैर-सरकारी, जो सरकारी न हो, निजी ,अराजकीय, private (sector, company), unofficial, non-governmental

गैरहांजिर (*वि*) (*A*) - ग़ैरहाज़िर, अनुपस्थित, जो मौजूद न हो, absent

गैरहांजिरी (*सं. स्त्री*) (*A*) - ग़ैरहाज़िरी, अनुपस्थिति, नामौजूदगी, absence, default, non - appearance

गैलरी (*सं. स्त्री*) (*E*) - दो अलग कमरों के बीच का रास्ता, बरामदा, गलियारा, बालकनी, gallery

गैस (*सं. स्त्री*) (*E*) - किसी पदार्थ का अत्यंत विरल या वायु रूप जो तीव्रता से फैल सकता है, gas

गोलक / गोलख (*स पु*) (*P*) - ग़ोलक, वह संदूक या डिब्बा जिसमें धन एकत्र किया जाता है, a bag or box for keeping money in

गोली (*सं. पु*) (*E*) - गोल रक्षक, goalkeeper

गौर (*स.पु*) (*A*) - ग़ौर, ध्यान, चिंतन, सोच-विचार "गौर करण'" -ध्यान देना, close attention, care, deep thought, deliberation

***

च

चंद (*सं. पु*) (*P*) - चंदा, किसी विशेष उद्देश्य के लिए एकत्रित की जाने वाली रक़म में अंशदान, योगदान, a contribution, donation, a subscription

चपड़ाँसि / चपराँसि (*सं. पु*) (*P*) - चपरासी, अर्दली, चौकीदार, सेवक, peon, an orderly, official messenger

चमन (*सं. पु*) (*P*) - उपवन, फूलों का बगीचा, (ला0 अ0 -आनंदपूर्ण वातावरण), (प्र०- चमन हुंण =ऐशोआराम होना, सुविधा-संपन्न होना), a flower garden, a flourishing place

चरख / चर्ख (*सं. पु*) (*P*) - चरख़ा, हाथ से सूत कातने का एक यंत्र, रहट, घिरनी, पहिया, a wheel, pulley, a spinning wheel

चरबी / चर्बि (*सं. स्त्री*) (*P*) - चरबी, वसा, सफ़ेदी लिए हुए एक पीले रंग का चिकना, गाढ़ा पदार्थ

चलाक / चल्लाग (*वि*) (*P*) - चालाक, चतुर, चालबाज़, धूर्त, दक्ष, active, quick, dextrous, clever, vigilant, cunning

चलाकि / चालाकी (*सं. पु*) (*P*) - चालबाज़ी, धूर्तता, छल, चतुराई, होशियारी, दक्षता, activity, quickness, dexterity, skill, cunning, vigilance

चशम (*स पु*) (*P*) - चश्मा, ऐनक, spectacles, glasses

चाबुक (*सं. पु*) (*P*) - चमड़े या रस्सी से बना कोड़ा, a whip

चिमनि (*सं. स्त्री*) (*E*) - चिमनी, लेंप या लालटेन में लगाया जाने वाला काँच का आवरण, कारख़ानों मे धुआँ ऊपर की ओर छोड़ने के लिए बनाए गए स्तम्भ , chimney

चिलम (*स.स्त्री*) (*P*) - हुक़्क़े के ऊपर रखा जाने वाला मिट्टी का वह पात्र जो फूल के आकार का होता है । इसमें तंबाकू रख कर ऊपर से अंगारे सुलगाये जाते हैं जिससे तंबाकू जल कर धुआं पैदा करता है जो उपयोगकर्ता के मुंह तक एक नलकी द्वारा पहुँचता है।, clay-bowl for smoking usually put on the top of hubble bubble (हुक़्क़ा)

चिलमी (*वि*) (*P*) - तंबाकू का व्यसनी, धुम्रपान का कुटेबी, तंबाकू का अधिक सेवन करने वाला, addicted to chilam smoking.

चिलमची (*सं. स्त्री*) (*P*) - तामचीनी का हाथ मुंह धोने के लिए छोटा तसला / पात्र, a metal basin used for washing the hands etc. (as after a meal)

चीज (*सं. स्त्री*) (*P*) - चीज़, वस्तु, आभूषण, गहना (चीज बस्त) बहुमूल्य सामान, a thing, an article, an item, a precious object

चुकंदर (*सं. पु*) (*P*) - चुक़ंदर, शलजम की तरह का एक मीठा गोलाकार कंद जो सलाद आदि के काम आता है, beetroot, sugarbeet

चुकली / चुगुलि / चुग्लि (*स.स्त्री*) (*P*) - चुग़ली, शिकायत, उपालम्भ, पीठ पीछे की हुई निंदा, (मु० "चूगलि लागि जौ बिनती नि लागौ "अर्थात अच्छाई से ज़्यादा बुराई का असर होता है) slander, talebearing

चुस्त (*वि*) (*P*) - फुर्तीला, मुस्तैद, दृढ, दक्ष, होशियार, कसा हुआ, quick, brisk, active, alert, clever, smart

चुस्ती / चुस्ति (*सं. स्त्री*) (*P*) - चुस्ती, मुस्तैदी, फुर्तीलापन, दृढता, होशियारी, कसावट, quickness, alertness, dexterity

चेन (*सं. स्त्री*) (*E*) - ज़ंजीर, सिकड़ी, फ़ीता, (जैसे घड़ी की चेन, गले में पहनने वाली चेन), chain, strap, lace

चोगा (*सं. पु*) (*TR*) - घुटनों तक लंबा एक ढीला ढाला पहनावा, लबादा, a long loose knee-length cloak

चोब (*सं. स्त्री*) (*P*) - नगाड़ा या ताशा बजाने की लकड़ी, सोने या चांदी से मढा हुआ डंडा या स्तंभ जो राज-दरबार में द्वारपाल या अन्य दरबारी हाथ में पकड़ कर खड़ा रहता था, a drumstick, a mace

***

ज

जंग *(स.स्त्री)* *(P)* - जंग, युद्ध, लड़ाई, war, battle, fight

जंग *(सं. पु)* *(P)* - ज़ंग, नमी के प्रभाव से लोहे आदि धातुओं में लगी एक परत, rust

जंजीर *(स.स्त्री)* *(P)* - ज़ंजीर, धातु की बहुत सी कड़ियों को जोड़ कर बनाई लड़ी, माला, श्रृंखला, चेन, सांकल, कुंडी, a chain, shackle

जखम *(सं. पु)* *(P)* - ज़ख़म, ज़र्ख्म, घाव, क्षत, फोड़ा, a wound, an injury

जखमि *(सं. पु)* *(P)* - ज़र्ख्मी, ज़ख़मी, घायल, wounded, hurt

जग *(सं. पु)* *(E)* - लोटा, पानी आदि रखने का बर्तन, a deep vessel, jug

जग / जा़ग (सं. स्त्री) (P) - जगह, स्थान, स्थल, इलाक़ा, मौक़ा, ओहदा, नौकरी, place, particular place, locality, seat, post, vacancy (प्र०- के यां क्वे जा़ग खालि छू? = क्या यहाँ कोई रिक्ति (vacancy) है? य को जा़ग छू? = यह कौन सी जगह है? मु०- "जा़ग खालि हुंण", "जा़ग जागां बै ऐ, आपणि-आपणि कै")

जच्च (सं. स्त्री) (P) - जच्चा, एसी स्त्री जिसको बच्चा पैदा हुआ हो, प्रसूता, a woman who has recently given birth to a child.

जज (सं. पु) (E) - जज, न्यायाधीश, निर्णायक, विचारक, judge

जजी (स. स्त्री) (E) - जज की कचहरी, वह भवन जहाँ न्यायाधीश मुक़दमों की सुनवाई करता है, court where the judge decides various cases.

जनानि / जनानी (सं. स्त्री) (P) – ज़नानी, स्त्री, औरत, पत्नी, स्त्रियोचित, स्त्रैण, pertaining to womanhood, women's, feminine

जफत / जफ्त / जप्त (वि) (A) - ज़ब्त, दबाया या रोका हुआ, शासन द्वारा छीना हुआ, seizing, confiscation, taking possession of

जबर (*वि*) (*P*) - ज़बर, बलवान, बली, पक्का, दृढ़, शक्तिशाली, (मु ० "जबर देखि सबर "अर्थात बलवान के आगे धैर्य ही एकमात्र उपाय है), upper, superior, great, larger

जबरजश्त / जबरदस्त (*वि*) (*P*) - ज़बरदस्त, प्रभावी ज़ोरदार, ताक़तवर, शक्तिशाली, प्रचंड अतितीव्र, having the upper hand, strong, high-handed, oppressive, overwhelming.

जबान (*सं. स्त्री*) (*P*) - ज़बान, जीभ, जिह्वा, वाणी, भाषा, बोली, वचन, प्रण, वादा, tongue, a language, speech, word, promise, (प्र0- जबान दिण = वचन देना, जबान खींचण =ज़बान खींचना, जबान चलौण =ज़बान चलाना , जबान बंद हुण =चुप्पी साधना)

जबानी (*वि*) (*P*) - ज़बानी, मौखिक, जबान संबंधी, कंटस्थ, अलिखित, oral, unwritten, traditional

जबाब / जुबाब (*सं. पु*) (*A*) - जवाब, उत्तर, समाधान, हल, इंकार, मनाही, निष्कासन, an answer, dismissal, refusal, rejection, complement

जबाबी / जुबाबी (*वि*) (*A*) - जवाबी, जवाब संबंधी, जिसका जवाब देना हो, जो किसी के जवाब के रूप में

हो, having to do with an answer, given in answer, complementary.

जब्रन (*अव्यय*) (*A*) - जबरन, बलपूर्वक, ज़बरदस्ती, बलात, दबाव देकर, विवश कर, forcibly, by compulsion

जमा (*वि*) (*A*) - संग्रह किया हुआ (धन अथवा वस्तु), जोड़कर रखा गया रूपया पैसा, पूँजी, एकत्र धन, एक जगह पर इकट्ठा, a collection, a gathering, an amount, deposit, capital

जमात (*सं. स्त्री*) (*A*) - कक्षा, लोगों का समूह, मंडली, संघ, समुदाय, दल, a class (school), a community, group

जमादार (*सं. पु*) (*A +P*) - सैनिकों या सफाई कर्मियों का सरदार, सफाई करने वाला कर्मचारी, one in immediate charge of a body of men, a corporal, a junior police officer, a sweeper

जमा़न (*सं. पु*) (*P*) - ज़माना, समय / काल, युग, संसार, मुद्दत, दौर, अवधि, कार्यकाल, time, period, the times, an age, the world

जमानत (*सं. स्त्री*) (*A*) - ज़मानत, ज़िम्मेदारी, वह रक़्म जो किसी व्यक्ति की ज़िम्मेदारी लेते समय अधिकारी के पास जमा की जाती है, surety, bail, guarantee

जमानती (*सं. पु.*) (*A*) - ज़मानती, ज़िम्मेदार, ज़मानत संबंधी, वह जो ज़मानत करे, one who gives bail or surety

जमीन (*सं. स्त्री*) (*P*) - ज़मीन, भूमि / खेत, पृथ्वी, धरती, धरातल का कोई भाग, भूखण्ड, earth, ground, soil, land, tract, the earth, the world

जर (*स.पु*) (*P*) - ज़र, सोना, स्वर्ग, धन, दौलत, पैसा, gold, silver, money, wealth

जरमान / जुर्मान / जरवान / जर्बान / जर्बानो (*सं. पु*) (*P*) - जुरमाना, अर्थदंड, ऐसा दंड जिसमें अपराधी द्वारा अपनी रिहाई के लिए धन देना पड़ता है, a fine, a penalty

जरा (*अत्यय*) (*A*) - ज़रा, तनिक, थोड़ा ।, अल्प तुच्छ, अदना, little, trivial, insignificant

जरीप (*सं. स्त्री*) (*A*) - जरीब, खेत या भूमि नापने की जंजीर या डोरी जो लगभग 60 गज़ लंबी होती है, a surveyor's measuring chain

जरूड़ / जरूर (*क्रि वि*) (*A*) - ज़रूर, अवश्य, निश्चित ही, certainly, of course

जरूड़ी / जरूरी (*वि*) (*A*) - ज़रूरी, आवश्यक, अनिवार्य, महत्वपूर्ण, necessary, important, indispensable

जरूड़त / जरूरत / जरवत (*सं.स्त्री*) (*A*) - ज़रूरत, आवश्यकता, अनिवार्यता, कारण, चाह, need, necessity, want

जरूड़तमंद (*वि*) (*A +P*) - ज़रूरतमंद, अभावग्रस्त, जिसे आवश्यकता हो, दीन, भिक्षुक, needy, poor, beggar

जलेबि / जिलेबि (*सं. स्त्री*) (*A*) - जलेबी, कुंडली के आकार की एक मिठाई जो ख़मीर उठी मैदा से बनाई जाती है और चाशनी में डुबाई जाती है, एक प्रकार की अतिशबाज़ी, a sweet in shape resembling a pretzel, made of flour, fried and soaked in sugar syrup, a kind of fire-cracker

जल्दी (*क्रि वि*) (*A*) - शीघ्रता, फुर्ती, तेज़ी, Speed, swiftness, haste, briskness

जल्लाद (*सं. पु*) (*A*) - मृत्युदंड पाये अपराधी को फांसी पर लटकाने वाला श्रमिक, निर्दयी, हत्यारा, क्रूर व्यक्ति, an executioner, a harsh and merciless person

जवान (*वि*) (*P*) - युवा, तरूण, बहादुर, वीर, सिपाही, सैनिक, young, youthful, bold, brave, soldier, warrior, a young adault

जवानि (*सं. स्त्री*) (*P*) - जवानी, युवावस्था, तरूणाई, यौवन, सुंदरता, उत्साह, youth, early adulthood, adolescence

जहमत (*स स्त्री*) (*A*) – ज़हमत, कष्ट, विपत्ति, unease, trouble, dicomfort, (प्र० – हीरा सिंह राणा जास कलाकार कैं पछयाणनकि जहमत हमर समाज कैं करण चैं)

जहर (*सं. पु*) (*P*) - ज़हर, विष, गरल, घातक, poison, anything very disagreeable (जहरी / जहरिल = ज़हरीला, विषाक्त, poisonous)

जहाज (*सं. पु*) (*A*) - जहाज़, जलपोत, पानी में इंजन की शक्ति द्वारा चलने वाली बड़ी नाव, a ship, a vessel

जहार (*क्रि*) (*A*) - प्रकाश में लाना, ज़ाहिर करना, प्रकट करना, (क्रि0वि0 के रूप में - स्पष्ट, खुला हुआ, प्रकट), to make clear, to reveal.

जहुरात (*सं. पु*) (*A*) - जवाहरात, हीरे-मोती आदि रत्नों की राशि, ढेर, jewels, precious stones

जागीर (*सं. स्त्री*) (*P*) - मध्यकाल में राजा की ओर से किसी को पुरस्कार स्वरूप मिलने वाली भूमि या प्रदेश, ज़मीन, सम्पत्ति, an estate, a freehold area or land as formerly given by the king or government in return for services.

जादू / जादु (*सं. पु*) (*P*) - जादू, प्रभाव, आश्चर्य चकित करने वाला खेल या तमाशा, बाज़ीगरी जंतर-मंतर, टोना, magic, a spell, charm, enchantment

जादे / ज्यादे / ज्याद / जाधे (*क्रिवि*) (*A*) - अधिक, ज़्यादा, अरबी विशेषण "ज़्यादा "का सरलीकृत और परिवर्तित रूप, मान या मात्रा में ज़रुरत से अधिक, अतिरिक्त, प्रचुर, बहुत, very many, more, a lot, much, very much

जान / ज्यान (*सं. स्त्री*) (*P*) - किसी प्राणी या वस्तु को गतिमान या संचलित करने वाला तत्व या शक्ति, प्राण, प्राणशक्ति, शारीरिक क्षमता, जीवंतता, स्फूर्ति, life, spirit, animating force, vitality, vigour

जानवर (*सं. पु*) (*P*) - मानव के अलावा समस्त जीव, पशु, चौपाया, असभ्य या निर्दयी व्यक्ति, a living creature, an animal, a beast, a fool, uncivilized, cruel

जाया (*वि*) (*P*) - ज़ाया, बेकार, व्यर्थ, बर्बाद, नष्ट, perishing, wasting.

जारी (*वि*) (*A*) - जो चलन में हो, संचालित, निरंतर होता हुआ, लागू, चालू, जो प्रयोग में हो, progressing, current, continuing, in use, in force, prevalent.

जालि (*वि*) (*A*) - जाली, नक़ली, धोखाधड़ी या ठगने के उद्देश्य से बनाई गई कोई वस्तु जो वास्तविक न हो, फ़रेबी, झूठा, forged (a document), counterfeit (a note), false, spurious, fictitious.

जालिम (*वि*) (*A*) - ज़ालिम, निर्दयी, अत्याचारी, क्रूर, दुष्ट, आततायी, wicked, unjust, cruel, tyrannical

जिंद *(वि)* *(P)* - ज़िंदा, जीवित, सजीव, जीता हुआ, living, alive, full of life, active.

जिगर / जिकर *(सपु)* *(A)* - ज़िक्र, चर्चा, वर्णन, उल्लेख, संक्षिप्त कथन, mention, report, account (प्र० - येक बार में तुमूल पैली कभै जिकर जे नई करौ=इसके बारे में आपने पहले कभी उल्लेख नहीं किया)

जिगर *(सं. पु)* *(P)* - जिगर, कलेजा, यकृत, साहस, हिम्मत, (प्र०- यो दुनि में आब यास जिगर वाल आदिम भौते कम छन= संसार मे अब ऐसे साहसी लोग बहुत काम हैं), the lever, the vitals, the heart, spirit, courage, vitality

जिद *(सस्त्री)* *(A)* - ज़िद, आग्रह, दुराग्रह, किसी बात पर अड़े रहने का भाव, अड़, विपरीत गुण धर्म वाली वस्तु ('जिद करण'''=ज़िद करना), stubbornness, obstinacy, doggedness, persistence, insistence

जिद्दी / जिदि *(वि)* *(A)* - ज़िद्दी, हठी, दुराग्रही, अड़ियल, stubborn, obstinate, wilful, persistent

जिमेदार / जिमेवार (सं. पु) (A) - ज़िम्मेदार, जो उत्तरदायी हो, अपने दायित्व को भलिभांति निभाने वाला, responsible, accountable

जिमेदारी / जिम्मेवारी (स स्त्री) (A) - ज़िम्मेदारी, उत्तर-दायित्व, जवाबदेही, responliability, liability, accountability

जिल / जिल्ल (सं.पु.) (A) - ज़िला, राज्य / प्रांत की एक प्रशासनिक इकाई, जनपद, राज्य या प्रांत की एक इकाई जो कई तहसीलों में बटी होती है, district, an administrative unit

जिल्द (सं. स्त्री) (A) - जिल्द, पुस्तक, दस्तावेज़ों आदि पर लगाया गया मोटे काग़ज़ का आवरण, किसी पुस्तक का कोई भाग या खंड़, (volume), त्वचा, चमड़ी, cover or binding of a book, skin

जिल्दबंदि (सं. स्त्री) (A) - जिल्दबंदी, जिल्द बांधने का काम, bookbinding

जिल्दसाज (स.पु) (A) - जिल्दसाज़, जिल्द चढ़ाने का काम करने वाला, bookbinder

जुकाम / जुखाम (सं. पु) (A) - जुकाम, ऐसा रोग जिसमें नाक गले से कफ़ निकलता है, सरदी, a cold (in throat or head)

जुबान / जुमान - देखें "जबान"

जुबाब - देखें "जबाब"

जुवाबि - देखें "जबाबी"

जुराब / जुराप (सं. पु) (TR) - जुराब, जुर्राब, a sock, stocking

जुलम (स.पु) (A) - जुल्म, अत्याचार, प्रताड़ना, अन्याय, शोषण, wrong-doing, wickedness, injustice, tyranny, an outrageous act, cruelty

जूट (सं. पु) (E) - पटसन, पटसन का बना कपड़ा, कुमाऊँ में सूती फलालेन को भी जूट कहते हैं, jute

जून (स पु) (E) - ईस्वी सन का छटा महीना, June

जुलाब (सं. पु) (P) - दस्त लाने वाली दवा, a purgative

जुलाय (स.स्त्री) (E) - जुलाई, ईस्वी सन् का सातवां महीना, July

जेब (*सं. स्त्री*) (*A*) - कुर्ता, कमीज़ या अन्य पहनने के कपड़ों में रूपये-पैसे, घड़ी, रूमाल आदि रखने के लिये बनाई गई थेली, खीसा, खल्दि, pocket

जेल (*सं. पु*) (*E*) - क़ैदख़ाना, कारागार, बंदीगृह, a prison, jail

जेवर (*सं. पु*) (*P*) - ज़ेवर, आभूषण, अलंकार, ornament, a piece of jewelry

जैक (*स.पु*) (*A*) - ज़ायका, स्वाद, ऐसा स्वाद जो विशेषतः खाने-पीने की चीजों का होता है, taste, flavour, savour

जैकदार (*वि*) (*A +P*) - ज़ायकेदार, स्वादिष्ट, मज़ेदार, tasty

जैजात / जैजाद (*सं. स्त्री*) (*P*) - जायदाद, सम्पत्ति, जगह, ज़मीन, माल-असबाब, estate, property, assets

जैजातदार (*वि*) (*P*) - सम्पत्ति रखने वाला, wealthy

जोकर (*सं. पु*) (*E*) - किसी आयोजन में हँसाकर मनोरंजन करने वाला व्यक्ति, विदूषक, हँसी-ठट्ठा करने वाला व्यक्ति, मज़ाकिया, joker

जोर *(सं.पु.)* *(P)* - ज़ोर, शरीर का बल, शक्ति, ताक़त, रूतबा, प्रबलता, प्रभाव, strength, power, effort, force, emphasis, influence

जोरदार *(वि)* *(P)* - ज़ोरदार, बलशाली, प्रबल, ज़बरदस्त, उत्साहवर्धक, तेज़, powerful, forcible, emphatic, massive

जोश *(संपु)* *(P)* - अति उत्साह, धूम, आवेश, passion, excitement, rage, frenzy, enthusiasm

जोशिल *(वि)* *(P)* – जोशीला, उत्साह से भरा हुआ, ओजपूर्ण, Passionate, ardent, zealous

ज्यास्ती / जास्ती *(वि)* *(A)* - ज़्यादती का रूपांतरण, संज्ञा स्त्रीलिंग के रूप में -अधिक, ज़्यादा, प्रचुर मात्रा, increase, surplus, excess

ज्वान *(वि)* *(P)* - जवान, तरूण, बलवान, बहादुर, वीर, (प्र०- ज्वान छना यारै यार अर्थात जवानी या सुख के दिनों में मित्रों की कमी नहीं होती), young, youthful, bold, brave, a soldier, a warrior

ज्वानि / ज्वानी (सं. पु) (P) - जवानी, युवावस्था, तरुणाई, यौवन, सुंदरता, लावण्य, youth, early adulthood, adolescen

***

ट

टंकी (सं.पु.) (*E*) - पानी रखने का छोटा या बड़ा कुंड, धातु, प्लास्टिक या दीवारों से बना जलागार, अंग्रेज़ी शब्द tank से बना शब्द, tank

टन (सं. पु) (*E*) - एक हजार किग्रा की माप, ton

टरंक /टिरंक (स.पु.) (*E*) - बड़ा संदूक, ट्रंक, a large strong box or container, trunk

टैम (सं.पु.) (*E*) - समय, बखत, वक़्त, टाइम, time

टाइमटेबुल (स पु) (*E*) - टाईमटेबल, समयसूची, समय-सारिणी, समय -तालिका, timetable

टाइप (स पु) (*E*) - प्रकार, तरह, (क्रिया के रूप में "टाइप करण = टाइप मशीन या कंप्यूटर की-बोर्ड की सहायता से लिखना), (प्र०- उनरि आदत लै कुछ अलग टाइपकि है गै = उनका स्वभाव कुछ अलग तरह का है)

टाइमपीस (सं. स्त्री) (*E*) - मेज़ आदि पर रखी जाने वाली अलार्म युक्त घड़ी, a small clock

टाइमटेबल / टाइम**टेबिल** / **टाइमटेबुल** (स पु) (*E*) – समय-सारणी, समय-तालिका

टाइल (सं.पु.) (*E*) - फ़र्श और दीवारों पर लगने वाले, चिकने रंगबिरंगे, सजावटी चौकोर खंड, tile

टाई (सं. स्त्री) (*E*) - कमीज़ के कॉलर को गले में फिट रखने के लिए उसके ऊपर बांधी जाने वाली सजावटी पट्टी, नेकटाई, neck-tie

टाउन होल (स पु) (*E*) – टाउन हॉल, सभाकक्ष, town-hall, (प्र०- पिथौरागढ़ किलेक नजीक नगरपालिका दफ्तर पैलि टाउन-होल की जांछी, उ बखत यां टाउन एरिया कमेटी छी)

टायर (सं.पु.) (*E*) - विभिन्न वाहनों के धातु निर्मित पहियों के ऊपर चढ़ाए जाने वाले मोटे और मज़बूत रबर के खोल जिसके अंदर हवा भरे ट्यूब होते हैं, tyre

टावर (सं.पु.) (*E*) - बहुत ऊँची संकरी संरचना, ऊंचे खंभे जो मोबाईल, बिजली, टेलीविज़न, रेडियो आदि के प्रसारण के लिए लगाए जाते है, tower

टिकट *(सं.पु.)* *(E)* - किसी सेवा के लिए पैसा चुकाने के एवज़ में प्राप्त अधिकार-पत्र, बस, रेल का टिकट, डाक टिकट, सिनेमा -सर्कस का टिकट आदि, ticket

टीन *(सं.पु.)* *(E)* - लोहे की चद्दर जिस पर रांगे की क़लई की जाती है, इस चद्दर का बना हुआ डिब्बा, कनस्तर, tin

टीम *(सं. स्त्री)* *(E)* - किसी खेल में या एक साथ काम करने वाले लोगों का समूह जैसे फुटबॉल, क्रिकेट की टीम, ऑपरेशन करते समय डाक्टरों की टीम आदि team

ट्रेन *(स स्त्री)* *(E)* – भाप, डीज़ल या बिजली के इंजन की सहायता से लोहे की पटरियों पर दौड़ने वाली गाड़ी, रेलगाड़ी, train, (प्र० – ट्रेन पुर द्वि घंट लेट छु आब के करि जाओ = ट्रेन पूरे दो घंटे लेट है अब क्या किया जाए)

टैक्स / ट्यक्स *(सं.पु.)* *(E)* - टैक्स, कर, चुंगी, राजस्व, tax

टैक्सी *(सं. स्त्री)* *(E)* - किराये भाड़े पर चलने वाला यात्री वाहन, टैक्सी, taxi

टौर्च / टॉर्च *(सं. स्त्री)* *(E)* - बेटरी की सहायता से कृत्रिम प्रकाश देने वाला एक उपकरण, torch

***

ड

डबल (सं.पु.) (*E*) - दुगना, दोगुना, दोहरा, युग्म, धन, पैसा, पहले एक तोला तांबे से बने सिक्के का मूल्य एक पैसा होता था। उन्नीसवीं शताब्दी के आरंम्भ में जब ईस्ट इंडिया कंपनी द्वारा ब्रिटिश सम्राट की तस्वीर वाला सिक्का चलाया तब उसका मूल्य देशी तांबे के सिक्के का दोगुना अर्थात डबल होता था। उस समय दो देशी सिक्के एक नये सरकारी सिक्के के बराबर थे इसलिये इस नये सिक्के को "डबल" अर्थात पुराने सिक्के का दोगुना कहा गया जो कालांतर में रूपये पैसे के रूप में रूढ़ हो गया। "म्यर पास एक लाल डबल निछ या म्यर पास एक लाल पाई लै निछ" का कुमाउनी में एक ही अर्थ है -" मैरे पास कोई धन या पैसा नहीं है", (मु०- डबल फुकियौ तमा्श = फ़िज़ूल ख़र्च कर स्वयं को हानि पहुँचाना), double, coin, rupee, money

डबल-रोटी (*सं. स्त्री*) (*E + H*) - ख़मीर उठाकर पकाई गई बड़ी और मोटी रोटी, पावरोटी, bread containing yeast, a loaf

डाख़ांण *(सं.पु.) (H+P)* - डाक़ख़ाना, डाकघर, post-office

डाँटर / डाँगटर *(सं.पु.) (E)* - डॉक्टर, चिकित्सक, वैद्य, a doctor, a person trained in allopathy, ayurveada, yunani or homeopathy medicine

डायल *(स पु) (E)* – घड़ी आदि का गोलाकार भाग जिसमें समय दर्शाने के लिए अंक लिखे होते हैं, अंकपट्ट ,पुराने टेलीफ़ोन के छिद्र युक्त गोल डायल , dial, (प्र०- लंदनकि बिग बेन घड़िक डायल भौते ठुल छू = लंदन की बिग बेन घड़ी का डायल बहुत बड़ा है)

डिरामा *(सं.पु.) (E)* - नाटक, ड्रामा, दिखावा, drama

डिरेबर / डिरायबर / डरैबर *(सं.पु.) (E)* - ड्राइवर, चालक, (प्र०- डरैबर सैप गाड़ी भलिके चलाया, य भौते खतरनाक बाट छू=ड्राइवर साहब गाड़ी अच्छी तरह चलाना ,यह बहुत ही ख़तरनाक रास्ता है), driver

डेरी *(सं. स्त्री) (E)* - डेयरी, दुग्धशाला, दूध, दही, पनीर, मक्खन, घी, आदि की दुकान, dairy

डेस्क *(सं.पु.) (E)* - पढ़ने-लिखने की मेज़, desk

डैम (सं.पु.) (*E*) - बाँध, (प्र० - ठुल-ठुल डेम बणा बेर हम जतुक जादे बिजलि पैद करनू उतुक ठुल खत्र परयावरण लिजी पैद करनू), dam

ड्यूटी (*सं. स्त्री*) (*E*) – कर्तव्य , सेवा, फ़र्ज़, duty

ड्रम (*सं.पु.*) (*E*) - बड़ा बेलनाकार डिब्बानुमा पात्र, पीपा, drum

***

त

तंग (*वि*) (*P*) – संकरा, पतला, चुस्त ,परेशान, त्रस्त, narrow, tight, troubled, vexed, distressed, (प्र० – जा यांबै मकैं तंग नि कर = यहाँ से जा , मुझे परेशान मत कर)

तंगी (*सं. स्त्री*) (*P*) - कमी, न्यूनता, अभाव, तंग होने की अवस्था या भाव, ग़रीबी, आर्थिक संकट, विपत्ति, cramped conditions, narrowness, scarcity, poverty, want, distress, difficulty

तकदीर (*सं. स्त्री*) (*A*) - तक़दीर, भाग्य, प्रारब्ध नसीब, fate, destiny, lot

तकलीफ (*सं. स्त्री*) (*A*) - तकलीफ़, पीड़ा, कष्ट, दुःख, बीमारी, निर्धनता, विपत्ति, taking care, trouble, difficulty, inconvenience, hardship, distress

तकि / तक्कि (सं.पु.) (P) - तकिया, सोते समय सिर के नीचे रखी जाने वाली आयताकार गद्दी, pillow, cushion

तक्त / तख़्त / तखत (सं.पु.) (P) - तऱ्क़्ता, काष्ठ-पटल, सोने या बैठने लिए तऱ्क़्तों से बनी चारपाई या चौकी, सिंहासन, plank, board, wooden-plank, wooden cot, throne

तख्ति (सं. स्त्री) (P) - तऱ्क़्ती, तऱ्खती, छोटा तऱ्क़्ता, पाटी जिस पर छोटे बच्चे लिखने का अभ्यास करते हैं, a small board or wooden plank, a child's writing board

तगराड़ (सं.पु.) (A) - तकरार, विवाद, बहस, झड़प, dispute, quarrel, wrangle

तगा्त / तकादा (सं.पु.) (A) - तक़्क़ाज़ा, तक़्क़ादा, तगादा, पावना मॉंगना, बार बार पीछे पड़कर मॉंग करने की क्रिया, demand, request (as for immediate payment or the performance of a necessary task), claim, requirement

तन (सं.पु.) (P) (*तनु संस्कृत में*) - देह, काया, शरीर, body, stature, person

तनखा (सं. स्त्री) (P) - तनख़्वाह, वेतन, पगार, मेहनताना, पारिश्रमिक, remuneration, salary, pay, wages

तपाक (सं.पु.) (P) - आवेश, उत्साह, जोश, गरमजोशी, तेज़ी, वेग, warmth, ardour, the anguish of love, affection

तफरी (सं. स्त्री) (A) - तफ़रीह, मनबहलाव, मनोरंजन, हास-परिहास, प्रसन्नता, दिल्लगी, हवा खोरी, gladdening, amusement, delight, fun, walk, stroll

तबल (सं.पु.) (A) - तबला, ताल देने का प्रसिद्ध वाद्य यंत्र, a small drum

तब्यत / तबयत (सं. स्त्री) (A) - तबीयत, शरीर या मन की स्थिति, मिज़ाज, चित्त, मन, जी, स्वास्थ्य, सेहत, temperament, intrinsic quality, mind, state of mind, mood, state of health

तमाकू / तमा़क / तमाक़ / तमाकू (सं.पु.) (PRT) - तमाकु, तमाखू, तंबाकू, एक प्रसिद्ध पौधा जिसके पत्ते अनेक रूपों में नशे के लिये प्रयोग में लाए जाते है, (क० - तमाकु और तास तन मनौ नास = धूम्रपान और जुए जैसे व्यसन मनुष्य के शरीर और मन का नाश कर देते हैं)

tobacco, leaves of a plant used in
cigarettes, bidis and beetle

तमान / तमाम (*वि0*) (*A*) - तमाम, पूरा, सारा, समस्त,
सब, समाप्त, खत्म, complete, entire, finished.

तमास / तमाश (*सं.पु.*) (*A*) - तमाशा, मनोरंजक, खेल
या दृश्य, अद्भुत व्यापार या कार्य, show, spectacle,
amusement, fun, joke

तमीच / तमीज (*सं. स्त्री*) (*A*) - तमीज़, शिष्टता,
सभ्यता, अच्छे बुरे की पहचान, विवेक, अदब-क़ायदा,
बुद्धि, discernment, good sense, courtesy,
manners

तमीजदार (*वि0*) (*A+P*) - तमीज़दार, शिष्ट, सभ्य,
सलीकेदार, व्यवहार-कुशल, discerning, judicious,
sensible, courteous

तय / तै (*वि0*) (*A*) - निश्चित, निर्णित, मुक़र्रर, ठहराया
हुआ, स्थिर, finishing, concluding, deciding.

तयार (*वि0*) (*A*) - तैयार, कुछ करने के लिए तत्पर या
उद्यत, कटिबद्ध, जो बनकर उपयोग के योग्य हो, पूरा,
प्रस्तुत, सहमत, ready, prepared, alert,
completed, agreed, skilled.

तयारी (*सं. स्त्री*) (*A*) - तैयारी, तत्परता, निर्माण, तैयार होने की क्रिया या भाव, वैभव, शोभा, सौंदर्य आदि को दिखाने के लिए की जाने वाली साज-सज्जा, readiness, preparation, construction, completion

तर (*वि0*) (*P*) - आद्रतापूर्ण, भीगा हुआ, ठण्डा, लाक्षणिक अर्थ में प्रसन्न मुद्रा वाला आदमी, रसदार, ताज़ा, wet, moist, saturated, juicy, fresh, cool, fine, delighting.

तरकीब (*सं. स्त्री*) (*A*) - तरीक़ा, उपाय, ढंग, युक्ति, means, plan, contrivance, arrangement

तरक्कि / तरक्की (*सं. स्त्री*) (*A*) - तरक़्क़ी, नीचे के दरजे से ऊपर के दरजे में जाना, पदोन्नति, अभिवृद्धि, बढ़त, उन्नति, progress, ascending, growth, development, promotion

तरज (*सं. स्त्री*) (*A*) - तर्ज़, लय, रीति, किस्म, प्रकार, स्वरूप, शैली, melody, manner, style, form, fashion

तरतीब (*सं. स्त्री*) (*A*) - वस्तुओं का क्रम, सिलसिला, व्यवस्थित करना, क्रम, व्यवस्था, arrangement, disposition, order (to set in order)

तरप / तरब (सं. स्त्री) (A) - तरफ़, दिशा, ओर, बगल, किनारा, पक्ष, side, direction, edge, margin, towards, party

तरपदार (सं.पु.) (A+P) - तरफ़दार, पक्षधर, समर्थक, सहायक, हिमायती, supporter, partisan

तरपदारि / तरपदारी (सं. स्त्री) (A +P) - पक्षपात करने की क्रिया या भाव, favour, support

तरबर (वि0) (P) - तरबतर, सराबोर, गीला, किसी तरल पदार्थ से पूर्णतः भीगा हुआ, आर्द्र, fully wet, soaked, drenched.

तरबुज / तरभुज (सं.पु.) (P) - तरबूज़, तरबूज़ा, a watermelon

तरा्ज / तराज / तराजु (सं.पु.) (P) - तराज़ू, सामान तौलने का यंत्र, तुला, काँटा, (क०- तराजु पलाड़ कभै उच कभै निच = सुख-दुख, उतार-चढ़ाव जीवन के अभिन्न हिस्से हैं) a pair of scales, a balance

तरास / तराश (सं. स्त्री) (P) - किसी वस्तु को सुंदर तरीक़े से काटने-छांटने की कला,रचना-प्रकार, बनावट, cutting, paring, carving, sculpture.

तरिक *(सं.पु.) (A)* - तरीक़ा, उपाय, युक्ति, काम करने का ढंग या शैली, manner, method, practice, custome, usage, system

तलप / तलब *(सं. स्त्री) (A)* - तलब, अमल, ललक, चाह, इच्छा, लत,(प्र० -तौ तलब नि हुंण = किसी प्रकार की बुराई या व्यसन का न होना), wish, desire, craving

तलप / तलब करना *(क्रि.) (A)* - बुलाना, बुलवाना, उपस्थित होने का आदेश देना, मांग करना, to demand, to claim, to summon

तलाग *(सं. स्त्री) (A)* - तलाक़, विवाह-विच्छेद, पति-पत्नी का संबंध टूटना, divorce

तलाश / तलास *(सं. स्त्री) (TR)* - तलाश, खोज, अनुसंधान, ढूंढ, चाह, search, investigation

तशम / तसम *(सं.पु.) (P)* - तसमा, किसी वस्तु को बाँधने या कसने के काम में आने वाला कपड़े या चमड़े का फ़ीता, जूते का फ़ीता, a strap, thong, a shoelace

तसल्लि (सं. स्त्री) (A) - तसल्ली, सांत्वना, दिलासा, आश्वासन, संतोष, धीरज, consolation, comfort, being diverted, satisfaction

तसील / तेसिल (सं. स्त्री) (A) - तहसील, तहसीलदार का दफ़्तर, वसूली, राजस्व वसूली विभाग, a revenue unit of a ditrict, the office or court of tehsildaar, an administrative unit

तस्तरि (सं स्त्री) (P) तश्तरी, छोटी रकाबी, चपटी तथा छिछली थाली, a small plate, saucer, a dish, a bowl

तस्वीर (सं. स्त्री) (A) - रंग कूँची आदि से बनाई गई किसी वस्तु, व्यक्ति या दृश्य की प्रतिकृति, चित्र, तसवीर, केमरे से लिया गया चित्र, a picture, drawing, painting, photograph

तह (सं. स्त्री) (P) - किसी चीज की मोटाई का फैलाव, परत, तल, पेंदा, वस्त्र आदि को चौतरफ़ा करके रखना, छिपा हुआ अर्थ , a layer, stratum, film, bottom, lowest level, essntial or hidden meaning, carefully folded cloth etc.

तहकीकात (सं. स्त्री) (A) - तहक़ीक़ात, यथार्थ का पता लगाने के लिए की जाने वाली खोजबीन, जांच-पड़ताल,

अनुसंधान, investigation, enquiries,
ascertainment of the truth

तहखाण (*सं. पु*) (*P*) - तहख़ाना, किसी भवन का भूमि के नीचे स्थित गुप्त कक्ष, an underground room or dwelling, a basement, cell, cellar

ताक (*सं.पु.*) (*A*) - ताक़, कोई वस्तु रखने के लिए दीवार में बना एक स्थान, आला, (प्र०- ताक में धरण = उपेक्षा करना, न मानना), an arch, recess, shelf, ledge

ताकत / तागत (*सं. स्त्री*) (*A*) - ताक़त, बल, शक्ति, ज़ोर, सामर्थ्य, (क०- "ताकत बिना रीस ख्याड़ जौ ढिपु बिना अकल 'अर्थात ताक़त के बिना गुस्सा और धन के आभाव में अक़्ल का कोई महत्त्व नहीं है, उद्देश्य प्राप्ति हेतु साधनों का होना आवश्यक है), strength, power, ability, capability

ताकतबर / तागतबर (*विं*) (*A*) - ताक़तवर, शाक्तिशाली, बलवान, सामर्थ्यवान, strong, powerful

ताज (*सं. पु*) (*A*) - राजाओं का मुकुट, कलगी, सेहरा, crown, diadem, crest, an ornamental turret

ताज / ताजि / ताजो (*विं*) (*P*) - ताज़ा, नया, तुरंत तैयार या बना हुआ, शुद्ध, जो बासी न हो, जो थकामांदा न हो, प्रफुल्लित, (क०- "ताजि लाकड़ बासि पाणि "=उल्टी गंगा बहाना, मूर्खतापूर्ण कार्य) fresh, refreshed, invigorated, new, recent, happy

ताजुप / ताजुब / ताज्जुक (*सं.पु.*) (*A*) - ताज्जुब, आश्चर्य, विस्मय, हैरत, अचम्भा, surprise, astonishment, amazement, admiration

तादाद /तादात (*स स्त्री*) (*A*) - वस्तुओं, व्यक्तियों आदि की संख्या या जोड़, मात्रा, संख्या, गिनती, numbering, count, amount, quantity

ताबीच (*सं.पु.*) (*A*) - तावीज़, रक्षा कवच जिसे लोग मंत्र पढ़कर गले या बाँह में इस उद्देश्य से पहनते हैं कि वे भूत-प्रेत की बाधा या अन्य अनिष्ट से सुरक्षित रहें, रक्षा, गंडा, an amulet, charm, a locket

तारपीन (*सं. पु*) (*E*) - चीड़ के पेड़ से निकला तेल जो वार्निश और औषधि के रूप में प्रयुक्त होता है, turpentine

तारीक / तारीख / तारिक (*सं. स्त्री*) (*P*) - तारीख़, तिथि, दिनांक, न्यायालय में मुक़दमे की सुनवाई की तिथि, date, date of a court appearance

तारीफ / तारिफी / तारीप (*सं. स्त्री*) (*A*) - तारीफ़, प्रशंसा, बड़ाई, विशेषता, बखान, परिचय, making known, praise, merit, introduction (of a stranger), (प्र०- देखण लैक एतिहासिक जाग त भौत छन पर सेंट पीटर गिरजाघर और उमें बणी घंटाघर तारीफ लैक छु = देखने योग्य एतिहासिक स्थान तो बहुत हैं लेकिन सेंट पीटर गिरजाघर और उसमें बना घंटाघर तारीफ़ के लायक है)

तालीम (*सं. स्त्री*) (*A*) - शिक्षा-दीक्षा, ज्ञान, उपदेश, अभ्यास, प्रशिक्षण, (प्र०-यां रामलिलाक तालीम चल रै),education, training, practice, rehearsal

ताव (*सं. पु*) (*P*) - काग़ज़ का चौकोर टुकड़ा, गुस्सा (जैसे ताव आना / ताव खाना), घुमा कर या मरोड़ कर सीधा करना जैसे मूछों पर ताव देना, ("ताव में ऊँण" = आपा खोना, उत्तेजित होना), a large sheet of paper, heat, passion, anger, to twist or to curl (to curl the moustaches)

ताश / तास (*सं.पु.*) (*A*) - ताश के बावन पत्तों का खेल, ताश का एक पत्ता, एक प्रकार का रेशमी कपड़ा जिसमें कलाबत्तू के बेलबूटें हों, a playing card, a game of cards, gold cloth or brocade

तासिर / तासीर (*स स्त्री*) (*A*) - गुण, योग्यता, प्रकृति, असर, प्रभाव, (क० - "तुर्र्मे तासीर सोहबत का असर" अर्थात विरासत में मिले गुण-अवगुण और संगत व्यक्तिव को प्रभावित करते हैं। Heredity and environment go together to make the man.), effect, action, property.

तिजोरि / तिजोरी (*सं. स्त्री*) (*E*) - तिजोरी, लोहे से बनी मज़बूत अल्मारी या संदूक जिसमें धन एवं आभूषण आदि रखे जाते हैं, (from the word "treasury"), safe, vault, chest

तुरुप (*सं. पु*) (*E*) - ताश का एक पत्ता जो अन्य सभी पत्तों से बड़ा माना जाता है, खेल की परिस्थिति के अनुसार यह चार प्रकारों /रंगों में से किसी भी प्रकार का हो सकता है तब इस प्रकार का छोटा पत्ता भी अन्य रंगों के बड़े पत्ते से भी बड़ा हो जाता है, a trump (in cards)

तूफान (*सं.पु.*) (*A*) - तूफ़ान, धूल और बारिश के साथ आने वाला तेज़ अधड़, भयंकर बाढ़, प्रलय, झंझावात, विपदा, आफ़त, झगड़ा, a storm of wind and rain, a disastrous flood, a calamity, commotion

तेज (1) *(सं. पु.)* *(Sanskrit)* - आशा, दीप्ति, चमक, ओज, अग्नि, ताप, शक्ति, पराक्रम, spirit, energy, strength, brilliance, ardour, fire

तेज (2) *(वि)* *(P)* - तेज़, तीक्ष्ण धार वाला, द्रुतगामी, फुर्तीला, महंगा, प्रचंड, प्रखर, sharp, piercing, keen, loud, hot, bright, strong, quick-witted, alert, intelligent

तेजी *(सं. स्त्री)* *(P)* - तेज़ी, तेज़ होने की अवस्था, महंगा होने की स्थिति, sharpness, keenness, warmth, brightness, high price

तेजाब *(सं. पु.)* *(P)* - तेज़ाब, एक रासायानिक द्रव जिसमें अन्य वस्तुओं या धातुओं को गलाने की शक्ति होती है, अम्ल, acid

तैनात *(वि.)* *(A)* - किसी काम पर लगाया गया या नियत किया हुआ, नियुक्त, मुक़र्रर, appointed, sent on duty, posted (on watch or duty)

तैनाती *(सं. स्त्री)* *(A)* - नियुक्ति, किसी विशेष कार्य पर लगाये जाने की प्रक्रिया, posting, sending on duty

तैयार *(वि)* *(A)* - देखें 'तयार'

तोप (*सं. स्त्री*) (*TR*) – गोलाबारी करने का एक प्रसिद्ध अस्त्र जो पहियों वाली गाड़ी पर रखा जाता है, a field gun, gun, canon

तोफा (*सं.पु.*) (*A*) – तोहफ़ा, उपहार, सौगात, भेट, कोई बहुमूल्य वस्तु, a gift, a present

तौहीन (*सं. स्त्री*) (*A*) - अपमान, निरादर, अनादर, तिरस्कार, बेइज़्ज़ती, dishonour, disgrace

***

द

दंग (*सं.पु.*) (*P*) - दंगा, उपद्रव, झगड़ा, बलवा, शोरगुल, कोलाहल, wrangle, uproar, brawl, riot, revolt

दंग (*वि.*) (*P*) - चकित, विस्मित होने का भाव, हक्काबक्का, आश्चर्य में पड़ा हुआ, taken aback, dumbfounded

दंगल (*सं.पु.*) (*P*) - कुश्ती, अखाड़ा, कुश्ती आदि की प्रतिद्वंदिता, समूह, मज़मा, an excited crowd, an arena (specially for wrestling), contest,

दखल (*सं.पु.*) (*P*) - दख़ल, हस्तक्षेप, प्रवेश, घुसना, पहुँच, अधिकार, entry, access, admission, grasp, reach, occupancy, interference, influence

दगा (*सं. स्त्री*) (*P*) - दग़ा, धोखा, छल, फ़रेब, कपट, विश्वासघात, deceit, imposture, fraud, treachery

दप्तर (सं.पु.) (A) - दफ़्तर, कार्यालय, an office, a place of business, volume (of documents)

दप्तरी (सं.पु.) (A) - दफ़्तरी, वरिष्ठ चपरासी, किसी कार्यालय में दस्तावेज़ों को संभालने और रखरखाव करने वाला कर्मचारी, an employee / peon who is responsible for the safety and maintenance of documents

दफा (सं. स्त्री) (A) - दफ़ा, मर्तबा, बार, बारी, विधि या क़ानून की पुस्तक का कोई अंश, time, occasion, turn, article, clause (of a law)

दम (सं.पु.) (P) - शक्ति, सामर्थ्य, ज़ोर, सांस, प्राण, अस्तित्व, क्षण, पल, चरस, बीड़ी सिगरेट आदि पीने की क्रिया, (प्र०- दम निकलण = प्राण निकलना), breath, life, spirit, draw, puff (as at a hubble - bubble or cigarett), moment, instant, vigour, mettle, strength, efficacy

दमखम (सं.पु.) (P) - दमख़म, दृढ़ता, मज़बूती, शक्ति, साहस, vigour, energy, temper, endurance

दमा (सं.पु.) (P) - सांस का रोग, breathlessness, asthma

दरकार (*वि*) (*P*) - आवश्यक, ज़रूरी, अपेक्षित, अभिलाषित, आवश्यकता, needed, required.

दरखास (*सं. स्त्री*) (*P*) - दरख़ास्त, दरख़्वास्त, प्रार्थनापत्र, आवेदन-पत्र, अर्ज़ी, application, petition, appeal, desire, demand

दरजन / दर्जन (*सं.पु.*) (*E*) - दर्जन, बारह की संख्या में, बारह वस्तुओं का समुच्चय या समाहार, (*वि.*) बारह, (from English word dozen), a dozen, any thing which is sold in a group of twelve (e.g. banana's rate is Rs. 50 per dozen)

दरबार (*सं.पु.*) (*P*) - वह स्थान जहाँ राजा अपने मंत्रियों के साथ मंत्रणा करता है, राजा की सभा या कचहरी, राज-सभा, a royal court, hall of audience, the holding of a court

दरम्यान (*सं.पु.*) (*P*) - दरमियान, बीच, मध्य (क्रि.वि.) बीच या मध्य में, middle, midst, interval, (adj.) middle), (adv.) in the middle, in the middle of, between, during

दरवाज (*सं.पु.*) (*P*) - दरवाज़ा, किवाड़, द्वार, कपाट, फाटक, a door, doorway, entrance, gate, gateway

दरयाफ्त (*सं.स्त्री*) (*P*) - दरियाफ़्त, पूछकर कुछ पता लगाने की क्रिया, जाँच, पड़ताल, (वि.) जिसका पता लगा हो, ज्ञात, मालूम, investigation, ascertainment

दर्ज (*सं.पु.*) (*A*) - दर्ज, प्रविष्ट करना, हिसाब-किताब के लिए लिखना, अभिलेख हेतु अंकित करना, दर्जा, कक्षा, मान-सम्मान, क्रिया के रूप में प्रयोग - दर्ज दयण = ऊँचा स्थान देना, दर्ज करण = अंकन करना, कराना, insertion, entry, inclusion, registration, recorded, class, grade, level, stage

दर्जि / दरजी (*स.पु.*) (*P*) - दर्ज़ी, कपड़ा सिलने वाला व्यक्ति, (क०- दरजी च्यौल, स्यूड़ क स्वीण अर्थात दर्ज़ी के बेटे का सूई का सपना देखना - हमारा परिवेश हमारी सोच को निर्धारित करता है) tailor

दर्द (*सं.पु.*) (*P*) - कष्ट, पीड़ा, व्यथा, pain, suffering

दर्र (*सं.पु.*) (*P*) - दर्रा, पहाड़ों के बीच से गुजरने वाला संकरा और दुर्गम रास्ता, पहाड़ी रास्ता, संकरी घाटी,(दर्रा ख़ैबर हिंदुकुश पर्वत के और लिपुलेख दर्रा हिमालय के आरपार जाने के दर्रे /रास्ते हैं), a mountain pass, valley, a narrow valley used to cross a high maountain range

दलान (सं.पु.) (P) - दालान, बैठक, मकान के बाहर लोगों के बैठने की छतदार खुली जगह, बारामदा, ओसारा, a hallway, corridor (in a house), a verandah, a balcony, gallery

दलाल (सं.पु.) (A) - दलाल, व्यापारिक लेन-देन या अन्य सौदों में मध्यस्थता करके लाभ कमाने वाला व्यक्ति, बिचौलिया, आढ़ती, हेराफेरी करने वाला, मुनाफ़ाख़ोर, a broker, an agent, go-between, salesman

दलाली (सं. स्त्री) (A) - दलाल का काम, मध्यस्थता, दलाल को मिलने वाली धनराशि, business of a broker, brokerage, commission

दलील (सं. स्त्री) (A) - अपने पक्ष में सोच-विचार कर रखा जाने वाला तर्क, युक्ति, वाद-विवाद, बहस, प्रमाण, argument, proof, evidence, debate

दवाइ (सं. स्त्री) (A + H) (दवा +ई) - दवाई, औषधि, उपचार, medicine, treatment, remedy, cure

दवात (सं. स्त्री) (A) - स्याही रखने का पात्र, मसि पात्र, inkwell, inkpot

दश्तान (सं.पु.) (P) - दस्ताना, पंजों और हथेलियों में पहनने का विशेष रूप से ठंड से बचाव के लिए ऊन या चमड़े से बनाया गया पंजे के आकार का खोल, हाथ का मोजा, a glove

दश्तुर (सं.पु.) (P) - दस्तूर, रस्म, प्रथा, परंपरा, रिवाज, परिपाटी, क़ायदा, विधि, custom, usage, practice. normal procedure, rule

दसतक /दस्तकत / दस्खत (सं.पु.) (P +A) - दस्तऱ़खत, हस्ताक्षर, signature, to write in one's own writing.

दस्त (सं.पु.) (P) - हाथ, पंजा, पेट के विकार के कारण होने वाला पतला मल, मलरोग, the hand, diarrhoea, loose-motion, dysentery

दस्तावर (वि.) (P) - विरेचक, दस्त लाने वाली औषधि, जुलाब, purgative

दहसत / धेसत / दहशत (सं. स्त्री) (A) - दहशत, ख़ौफ़, डर, आतंक, भय, fear, alarm, terror

दाख़िल (वि.) (A) - दाख़िल, जो अंदर हो, प्रविष्ट, समाविष्ट, शामिल, जमा किया हुआ, entering, arriving, entered, admitted to, joining, included

दाख़िल- खारिज (सं.पु.) (A) - दाख़िल-ख़ारिज, किसी वस्तु, सम्पत्ति या भूमि पर से किसी का स्वामित्व बदलने पर पुराने स्वामी का नाम काटकर (ख़ारिज कर) नए स्वामी का नाम सरकारी अभिलेखों में चढ़ाया जाना (दाख़िल किया जाना), transfer of land or property (in a register by 'entering' and 'sriking out' particular details), mutation, alteration

दाख़िला (सं.पु.) (A) - दाख़िला, प्रकिष्ट होने की प्रक्रिया, प्रवेश, समावेश, entry, admission, receipt, voucher

दाग (सं.पु.) (P) - दाग़, चिह्न, धब्बा, लांछन, कलंक, निशान, आरोप, दोष, the mark of burning, spot, mark, stain, speck, disgrace

दागि / दागी (वि.) (P) - दाग़ी, धब्बे वाला, दाग़दार, दूषित, कलंकित, अपराधी, marked, notorious, codemned

दाम (सं.पु.) (*P*) - मूल्य, कीमत, रूपया, पैसा, (क०-
दाम नि द्यूल तो अकर कस अर्थात जब ख़रीदा ही न
जाए तो महंगा कैसा), price, cost, value

दारू (सं. स्त्री) (*P*) - शराब, मदिरा, औषधि, दवा,
(क०- "दारु न गोली खिमू तोली "=दिखावा करना, डींगें
मारना), wine, liquor, medicine, drug

दावत (सं. स्त्री) (*A*) - प्रीतिभोज, भोज, बुलावा, भोजन
के लिए आमंत्रण, a call, invitation (specially to
a meal), party, feast, reception

दिक / दिख (सं.पु.) (*A*) - दिक़, क्षयरोग, तपेदिक,
परेशान, हैरान, पीड़ित, बीमार, troubled,
disturbed, harassed, irritated, unwell,
tuberculosis (*नौट - संस्कृत 'दिक्' का अर्थ है दिशा
जैसे चतुर्दिक अर्थात चारों दिशाओं में; दिक्पाल = दिशा
का स्वामी*)

दिकत / दिक्कत / दिखत (सं. स्त्री) (*A*) - दिक़्क़त,
मुश्किल, कठिनाई, परेशानी, असुविधा, कष्ट,
suffering, distress, difficulty, perplexity,
inconvenience, trouble

दिकदारी /दिक्कतदारी /दिकतदारी / दिखतदारी - (सं. स्त्री) (A) दुख, परेशानी, उलझन, असुविधा, distress, difficulty, inconvenience, trouble

दिगर / डिगर / डिकर (वि.) (P) - दीगर, अन्य, दूसरा, बाहरी, other, next, following

दिमाक / दिमाग / डिमाक / डिमाग (सं.पु.) (A) - दिमाग़, मस्तिष्क, भेजा, बुद्धि, अक़्ल, अभिमान, अहंकार, (प्र ०- "दिमाग चढ़न" = अहंकारी होना), brain, mind, arrogance, disdain, whim, fancy

दिमागी / दिमाकी (वि.) (A +P) - दिमाग़ी, मस्तिष्क से संबंध रखने वाला, दिमाग़ संबंधी, अभिमानी, घमंडी, of the brain, mental (as work, activity), arrogant, intelligence

दिमाकदार / दिमागदार / डिमागदार (वि.) (A +P) - दिमाग़दार, समझदार, बुद्धिमान, अभिमानी, घमंडी, intelligent, brainy, disdainful, arrogant, conceited.

दिल (स.पु.) (P) - हृदय, चित्त, मन, जी, इच्छा, मर्ज़ी, हिम्मत, heart, soul, spirit, will, courage

दिलदार (*वि.*) (*P*) - जिसे दिल दिया गया हो, जो प्रेम का पात्र हो, प्रेमी, प्रिय, प्रेयसी, माशूक, उदार, beloved, lover, generous of heart, or instincts, charming, courageous

दिलबर (*वि.*) (*P*) - प्यारा, प्रिय, आकर्षक, राहत देने वाला, dear, charming, attractive

दिलेर (*वि.*) (*P*) - बड़े दिल वाला, दिलावर, बहादुर, वीर, साहसी, bold, lively, animated, brash, courageous

दिल्लगी / दिल्लगि (*सं. स्त्री*) (*P*) - मज़ाक, हासपरिहास, ठट्टा, मनोविनोद, jest, joke, fun, humour

दिवान (*सं.पु.*) (*P*) - दीवान, एक पदवी, ओहदा, मंत्री, वज़ीर, राजा के बैठने की जगह, किसी शायर की रचनाओं का संग्रह, पुलिस का उपनायक, a royal court, a minister, secretary, steward, head constable, the collected verse of a poet (esp. in Persian or Urdu)

दिवानी (*वि.*) (*सं. स्त्री*) (*P*) - आर्थिक मामलों से सम्बद्ध न्यायालय, कचहरी, दीवान का पद, having to do with a tribunal or court, judicial, civil

दिवाल / देवाल (*सं. स्त्री*) (*P*) - दीवार, दीवाल, भीत, ईंट, पत्थर, मिही आदि से बनी हुई ऊँची भित्ति, (क०- "दिवाल बिगै आलौल गौं बिगै सालौंल" =आलों/ताकों से दीवार को नुक़्सान पहुँचता है, सालों (गाँव से बाहर के लोगों) से गाँव का माहौल ख़राब होता है), wall, embankment, outer

दुंब (*सं.पु.*) (*P*) - दुंबा, मेढ़ों या भेड़ों की एक जाति जिन की दुम चक्की के पाट की तरह गोल और भारी होती है, उक्त जाति का मेंढ़ा, a fat-tailed sheep

दुकान (*सं. स्त्री*) (*P*) - वह स्थान जहाँ सामान की खरीद-बिक्री होती है, पण्यशाला, हट्टी, हट्ट, (क०-दुकान कौ जो मकैं छोड़ुल, वीकैं मैं छोड़ुल अर्थात दुकान कहती है जो मुझे छोड़ेगा /अपना कर्तव्य पालन नहीं करेगा, मैं उसे छोड़ दूँगी /उसका व्यवसाय समाप्त हो जाएगा), a shop, a workshop, stall

दुगल (*वि*) (*P*) - दोगला, दो तरह की बातें करने वाला, जो भिन्न-भिन्न वर्णों या जातियों के माता-पिता से या व्यभिचार से पैदा हो, जिसकी करनी और कथनी में अंतर हो, bastard, illegitimate, spurious

दुनि / दुणि / दुन्नि (*स.स्त्री*) (*A*) - दुनिया, जगत, संसार, पृथ्वी, आलम, लोग, (क०- दुनि खाणि चतुर बाणि अर्थात संसार में वाक्पटु /व्यवहार-कुशल व्यक्ति को ही

सफलता प्राप्त होती है), the world, this world or life, people

दुरबिन / दुर्बिन *(स स्त्री)* *(P)* - दूरबीन, दूर की चीज़ों को निकट और स्पष्ट दिखाने वाला लेंस युक्त उपकरण, binoculars, telescope

दुम *(स स्त्री)* *(P)* - पूंछ, पुच्छ, पूंछ की तरह पीछे की तरफ़ लगी हुई कोई चीज़, पिछवाड़ा, tail, end, rear or hind part

दुशमण *(सं.पु.)* *(P)* - दुश्मन, शत्रु, बैरी, अपकारी, बुरा चाहने वाला, enemy, adversary, foe

दुशाल / दुसाल *(सं.पु.)* *(P)* - दुशाला, एक प्रकार की ऊनी गरम चादर जिसके किनारों पर कढाई होती है, an embroidered wollen shawl

देइ / देहरी / देलि / देहइ *(सं. स्त्री)* *(P)* - दहलीज, देहली, देहरी, ड्योढ़ी, चौखट, threshold

देनदार *(सं. पु)* *(H+P)* - कर्ज़दार, ऋणी, borrower, debtor

देनदारी *(स स्त्री)* *(H+P)* - देनदार होने की अवस्था, कर्ज़दारी, borrowing.

देर (*सं. स्त्री*) (*P*) - नियत समय से अधिक समय लगना, विलंब, समय, वक़्त, a period, a lapse of time, delay, slowness, interval

देरी (*सं. स्त्री*) (*P*) - उचित से अधिक समय, विलंब, देर, समय, वक़्त, delay, state of being late

देहात (*सं.पु.*) (*P*) - गाँव, ग्राम, ग्रामीण क्षेत्र, country, countryside, rural area

देहाति (*वि.*) (*P*) - देहाती, गाँव का, गाँव संबंधी, ग्रामीण, गाँव में रहने वाला, having to do with the country, or with a village, rural, a villager

दैज (*सं.पु.*) (*A*) - दहेज़, वधु के परिवार द्वारा वर के परिवार वालों को दी जाने वाली धनराशि या मूल्यवान वस्तुएं, (अरबी भाषा के शब्द जिहाज़ और फ़ारसी भाषा के शब्द जहेज़ से बना शब्द है दहेज़), dowry

दोगल्ल - देखें "दुगल"

दोयम (*वि.*) (*P*) - वरीयता क्रम में दूसरे स्थान का, जो द्वितीय स्तर का हो, कमतर, निम्न स्तर का, second, second-rate, inferior

दोस्त (*सं.पु.*) (*P*) - मित्र, सखा, यार, सुख-दुख में साथ देने वाला व्यक्ति, साथी, a friend, a lover, a sweetheart, companion

दौर (*सं.पु.*) (*A*) - दौरा, भ्रमण, फेरा, किसी अधिकारी की जाँच-पड़ताल संबंधी यात्रा, गश्त, समय-समय पर होने वाला आगमन, turn, tour, round, revolution, circuit, attack (of illness)

दौलत (*सं. स्त्री*) (*A*) - धन-सम्पत्ति, कोई अमूल्य वस्तु, विचार आदि, property, wealth

द्वितर्पि (*वि.*) (*H+A*) (*द्वि + तरफ़*) - दोतरफ़ा, दोनों तरफ़ वाला, दोनों ओर का दोनों पक्षों के अनुकूल, double-sided, two-sided

***

न

नकद / नगद *(सं.पु.)* *(A)* - नक़द, वह धन जो सिक्के या रूपये के रूप में हो, रोकड़, नगद, (क0-" नकद बेचौ ड्योड़ भै, उधार बेचौ पौण भै "= उधार बिक्री से नक़द बिक्री में अधिक लाभ होना) cash (payment), liquid (funds), ready money, hard cash

नकदी *(सं. स्त्री)* *(A)* - नक़दी, रोकड़, पैसा, धन-दौलत, cash, ready money, having to do with cash

नकल *(सं. स्त्री)* *(A)* - नक़ल, प्रतिरूप, अनुकृति, प्रतिलिपि, मूल लेख या अभिलेख की अनुकृति, किसी के आचरण, वेश, वाणी आदि का अनुकरण करना, copying, copy, imitation, mimicry

नकाब *(सं.पु.)* *(A)* - नक़ाब, चेहरा ढकने का कपड़ा, घूँघट, मुखौटा, बाहरी आडंबर, a veil, hood, the end of the sari (साड़ी) that is used to hide the face

नक्श (*सं.पु.*) (*A*) – नक्शा, किसी वस्तु के स्वरूप को सूचित करने वाली रेखाकृति, मानचित्र, ख़ाका, बनावट, शक्ल, स्थिति, a picture, portrait, map, plan, draft, state of affairs, situation

नखर (*सं.पु.*) (*P*) - नख़रा, नाज़ोअदा, हाव-भाव, चंचलता, चुलबुलापन, विलासचेष्टा, स्वांग, बहाना, एक प्रकार का अभिनय, airs (of pride, disdain), affectation, sham, pretence, flirtatious airs or mannerisms

नगीच / नजीक / नजिक / नजदीग (*क्रि.वि.*) (*P*) - नज़दीक, समीप, निकट, पास, किसी विशिष्ट बिंदु से थोड़ी दूरी पर, (क० - "नजिकौ जोगि दूरौ सिद्ध "अर्थात आसानी से उपलब्ध वस्तु को महत्व न दिया जाना), near, close, almost, approximately

नजर (*सं. स्त्री*) (*A*) - नज़र, निगाह, दृष्टि, उपहार, भेंट, कृपा, कुदृष्टि, भले-बुरे की परख, देखभाल, sight, look, glance, observation, supervision, favour, regard, view, opinion, influence of the evil eye

नजर लागण (*क्रि*) (*A*) - नज़र लगना, to be influenced by the evil eye.

नजरान (*सं. पु*) (*A*) - नज़राना, नज़र के रूप में उपहारस्वरूप दी जाने वाली वस्तु, भेंट, a customary payment or fee, gift, bribe, an offering (to a senior)

नजाकत (*सं. स्त्री*) (*P*) - नज़ाकत, नाज़ुक होने का भाव, सुकुमारता, स्वभावगत कोमलता, इतराहट, ("नजाकत दिखोण" = नज़ाकत दिखाना), delicacy, elegance, softness, politeness

नतिज (*सं.पु.*) (*A*) - नतीजा, परिणाम, अंत, परीक्षाफल, जाँच का फल, result, outcome, consequence, inference, sum, substance

नदारत (*वि.*) (*P*) - नदारद, ग़ायब, लुप्त, अनुपस्थित, जो मौजूद न हो या जिसका पता न चले, (प्र०- जां वीकि जरवत छ वां उ नदारत हेगो), absent, wanting, gone, lost, extinct

नफ / नाफ (*सं.पु.*) (*A*) - नफ़ा, फ़ायदा, आर्थिक हित, लाभ, सूद, ब्याज, profit, gain, advantage

नफरत (*सं. स्त्री*) (*A*) - नफ़रत, घृणा, घिन, अरूचि, hatred, aversion, abhorrence

नफीश (*वि.*) (*A*) - नफ़ीस, उत्तम, उम्दा, श्रेष्ठ, साफ़, मनोहर, नाजुक, बढ़िया, exquisite, refined, elegant

नबज (*सं. स्त्री*) (*A*) - नब्ज़, नाड़ी, शिरा, हाथ की वह रक्त वाहिनी नली जिसकी चाल से रोग की पहचान की जाती है, the pulse

नबाब (*सं.पु.*) (*A*) - नवाब, मुग़लकाल से प्रचलित एक उपाधि जो किसी क्षेत्र के स्वामियों, धनी व्यक्तियों को दी जाती थी, वे राज्याधिकारी जो किसी सूबे के प्रशासक नियुक्त होते थे, governor of a town or region, lord, prince

नबाबी (*सं. स्त्री*) (*A*) - नवाबी, नवाब का पद या काम, नवाबों जैसा रंग-ढंग, नवाबों काशासनकाकल ,(*वि.*) - नवाबों की जैसी शानोशौकत, having to do with a navab or his post, position or status of a navab, (Adj.) princely luxury, pomp and show.

नरम (*वि.*) (*A*) - नर्म, मुलायम, कोमल, मृदुल, सुपाच्य, soft, easily digestible, mild, gentle, moderate

नराज (*वि*) (*A*) - नाराज़, नाखुश, अप्रसन्न, रूष्ट, ख़फ़ा, क्रुद्ध, dissatisfied, displeased, angry.

नर्स (*सं. स्त्री*) (*E*) - परिचारिका, सेविका, रोगी की देखभाल करने वाली सहायिका, nurse

नर्सरी (*सं. स्त्री*) (*E*) – पौधों को उगाने का स्थान, पौधशाला, कक्षा एक से पहले की छोटे बच्चों की कक्षा, nursery

नर्सिंगहोम (*सं.पु.*) (*E*) - अस्पताल, रोगियों के इलाज व भर्ती करने का स्थान, Nursing home, Health centre, Hospital

नश / नस (*सं.पु.*) (*P*) - नशा, अफीम, गाँजा, भाँग, चरस, शराब आदि के सेवन से होने वाली विकृत मानसिक स्थिति, मादक द्रव्य, मद, मतवालापन, मस्ती, intoxication, stupor, intoxicant, self delusion

नसल (*सं. स्त्री*) (*A*) - नस्ल, पशुओं की विशेष प्रजाति, क़िस्म, वंश, कुल, जाति, ख़ानदान, offspring, descendants, family, breed, stock, race

नसीयत / नसियत / नसयत (*सं. स्त्री*) (*A*) - नसीहत, सदुपदेश, शिक्षा, सीख, अच्छी सलाह, ऐसा दंड जिससे

कोई शिक्षा मिलती हो, advice, counsel, exhortation, punishmrnt

नसीब (सं.पु.) (A) - भाग्य, किस्मत, तक़दीर, अंश, भाग, हिस्सा, destiny, fate, fortune, luck

नहर (सं. स्त्री) (P) - कृत्रिम जलमार्ग, कृत्रिम जल धारा, canal, stream, an irrigation channel

नाज (सं.पु.) (P) - नाज़, गर्व, प्रशंसात्मक अभिमान, हाव-भाव, विलास चेष्टा, लाड़-प्यार, elegance, grace, self-indulgent pride, airs, affectations, conceit

नाजर (सं.पु.) (A) - नाज़िर, देखने वाला, निरीक्षक, अदालत कचहरी में लिपिकों आदि का मुख्य अधिकारी, one who sees, inspector, spectator, supervisor, a court officer.

नाजुक (वि.) (P) - नाजुक, कोमल, कमज़ोर, सुकुमार, बलहीन, जल्दी टूटने या नष्ट होने वाला, thin, slender, delicate, tender, fine, critical, sensitive

नाबालिक / नाबालिग *(क्रि)* *(P +A)* - नाबालिग़, जिसने बाल्यावस्था को पार न किया हो, अव्यस्क, underage, a minor, ward

नाम *(स पु)* *(P)* - वस्तु, प्राणी आदि का बोधक शब्द, ख्याति, मान, इज़्ज़त, (कहावतें / प्रयोग - नाम नि ल्हिण, नाम ल्हिण लैक नि हुंण, नाम चलूंण, नाम चमकूंण, नाम निसाण नि रूंण, नाम कमूंण, नाम डुबूंण, नाम धरण, "नाम हो बदनाम हो, गुमनाम झन हो"), title, name, good name, fame, reputation, honour

ना्मि / नामी *(वि)* *(P)* - नाम वाला, प्रसिद्ध (प्र०- ना्मि हुंण =प्रसिद्ध होना, ना्मि बणियौ भुस लै बिकाउ = प्रसिद्ध व्यवसायी की हर प्रकार की वस्तु उसकी प्रसिद्धि के कारण आसानी से बिक जाती है अर्थात नामी बनिया कमा खाए, नामी चोर पकड़ा जाए), renowned, famous, of good name, well-known

नायाब *(वि)* *(P)* – जो सरलता से न मिलता हो, अप्राप्य, दुर्लभ ,बहुत बढ़िया, not easily available, scarce, rare, precious, (प्र०- य नायाब घड़ि देखण लैक छु = यह दुर्लभ घड़ी देखने लायक है)

नारा *(सं.पु.)* *(A)* - अपनी माँग के प्रति ध्यान आकर्षित करने के लिये या संघर्ष का आह्वान करने के लिए विशेष शब्द, शब्दावली जिसका बार-बार उद्घोष किया जाता है,

सामुहिक उद्घोष जो अन्य साथियों में चेतना और जोश पैदा करता है, उदा0"हर ज़ोर जुल्म की टक्कर से, हड़ताल हमारा नारा है", a shout, cry, slogan

नाल (सं.पु.) (A) - लोहे का वह अर्द्ध-चंद्राकार खंड जिसे घोड़े के पैर के तले में ठोका जाता है जिससे उसके पैर रास्ते की रगड़ से बचे रहें, अपनी जगह पर जुआ खिलवाने वाले व्यक्ति को इस एवज़ में दिया जाने वाला धन, horseshoe, hoof, money paid to the owner of the place where people are allowed to gamble.

नालिश (स स्त्री) (P) - शिकायत, अभियोग, मुक़दमा, accusation, suit, complaint, charge

नालैक (वि) (P +A) (ना + लायक = नालायक) – अयोग्य, अपात्र, अनुपयुक्त, unworthy, incapable, unsuitable

नाहक (क्रि वि) (P+A) नाहक़, अकारण और बेईमानी से, बिना वज़ह, व्यर्थ में, बेमतलब, unjust, false, improper, in vain, uselessly

निजात (स पु) (A) - नजात, निजात, छुटकारा, मुक्ति, escape, deliverance, salvation

नियत (सं. स्त्री) (A) - नीयत, किसी चीज़ को पाने या किसी अन्य व्यक्ति को अपनी कोई चीज़ देने के लिए मन में रहने वाला भाव, इच्छा, इरादा, मंशा, भावना, intention, object, design, resolve, wish, desire (क०- 'नियत का साथ बरकत' अर्थात अच्छे इरादे या उद्देश्य से समृद्धि और संपन्नता प्राप्त होती है, a man is blessed in proportion as he uses his property well)

नीलाम / निलाम / लिलाम (सं.पु.) (PRT) - बिक्री का एक ढंग जिसमें माल उस आदमी को बेचा जाता है जो सबसे अधिक दाम लगाता है, बोली लगाकर बैचना, an auction

निशाण / निशान (सं.पु.) (P) - चिह्न, लक्षण, लाल-सफेद टूल से निर्मित ध्वजा, दाग, धब्बा, छाप, निशाना, (निशानी अंगूठा), sign, signal, mark, trace, trail, clue, flag, colours

नुकशान (सं.पु.) (A) - नुक़सान, हानि, क्षति, ह्रास, घाटा, loss, harm, damage

नुक्त (सं.पु.) (A) - नुक़्ता, नुक़ता, दोष, ऐब, धब्बा, दाग़, लेखन में ध्वनि को इंगित करने हेतु अक्षरों के नीचे लगाई जाने वाली बिंदी जैसे क़, ख़, ज़, फ़ आदि, शून्य

का सूचक चिह्न, a point, a dot, spot, zero,
cipher

नुक़्श *(स. पु.)* *(A)* - नुक़्स, ख़राबी, कमी, ख़ामी, दोष,
त्रुटि, ऐब, fault, flaw, defect

नुमैश / नुमैशि /नुमाइश *(सं. स्त्री)* *(P)* - नुमाइश,
प्रदर्शनी, दिखावा, दिखावट, अद्भुत वस्तुओं का प्रदर्शन,
(प्र०- नुमैश करण = दिखावा करना, अनावश्यक
प्रदर्शन, // मैं नुमाइश देखण हुं जाणयूँ =मैं नुमाइश
देखने जा रहा हूँ), exhibition, show (of),
display, spectacle

नूर *(सं.पु.)* *(A)* - ज्योति, प्रकाश, रोशनी, आभा, छवि,
light, brilliance, radiance

नेक *(वि.)* *(P)* - भला, अच्छा, सज्जन, शुभ, मांगालिक,
श्रेष्ठ, good, virtuous, sincere, upright,
excellent

नेकी *(सं स्त्री)* *(P)* – भलाई, सज्जनता , अच्छाई,
goodness, virtue, sincerity, uprightness

नेट *(सं.पु.)* *(E)* - इंटरनेट का लघुरूप, जाल, फंदा,
net, internet

नेस्ति (सं.पु.) (*P*) - विनाश, अस्तित्व का अभाव, आलसीपन, ढीलापन, ruin, destruction, nonexistence, non-activity, idleness

नोक (*सं. स्त्री*) (*P*) - किसी वस्तु का वह सिरा जो नुकीला और तेज़ हो, point, tip, end

नोक-झोंक (*सं. स्त्री*) (*P + H*) - आपस में होने वाली कहासुनी, आक्षेप और तानों से भरा वाद-विवाद, तू-तू-मैं-मैं, barbed remarks, sarcasm

नोट (सं.पु.) (*E*) - छोटी टिप्पणी, आशय स्पष्ट करने वाला छोटा लेख, काग़ज़ी मुद्रा जिसमें मूल्य अंकित होता है, observation, communication, a bank note

नोटिस (सं.पु.) (*E*) - सूचना, सूचना-पत्र, चेतावनी, notice

नौकर (सं.पु.) (*TR*) - सेवक, चाकर, कर्मचारी, ख़िदमतगार, servant, attendant

नौमत (*स.स्त्री*) (*A*) - नौबत, स्थिति, हालत, दशा, दुर्गति, दुर्दशा, (प्र०- न भुला तां तककि नौमतै न ऐ = नहीं बेटा, वहां तक की नौबत ही नहीं आएगी),

period, time, turn, state of affairs, plight,
moment of need

***

प

पंज (सं.पु.) (*P*) - पंजा, पाँच का समूह जैसे पंजाब (पंज +आब अर्थात पांच नदियों का पानी वाला क्षेत्र), हाथ या पैर का पंजा, ताश का एक पत्ता, an aggregate of five, paw, claw (of an animal), the hand with fingers, a five (in cards, at dice)

पगार (सं. स्त्री) (*TR*) - वेतन, तनख़्वाह, मज़दूरी, salary, wages

पतरौल / पररौव (सं.पु.) (*E*) - जंगल की रखवाली करने वाला व्यक्ति, गश्त लगाने वाला सिपाही, अंग्रेज़ी शब्द "Patrol "से बना शब्द जिसका अर्थ है सुरक्षा की दृष्टि से किसी इलाक़े में गश्त लगाना, patrolling, patrol van

परगना (सं.पु.) (*P*) - राजस्व भूमापन के लिए ज़िले या तहसील का एक भाग, subdivision of a district or tehsil

परमिट / परमट (सं.पु.) (E) - अनुमति-पत्र, आज्ञापत्र, आदेश-पत्र, permit

परमोसन / परमोशन (सं.पु.) (E) - प्रोन्नति, तरक़्क़ी, promotion, to receive higher position or post

परवरिश / परबरिस (सं. स्त्री) (P) - पालन-पोषण, देखरेख, fostering, rearing (a family), maintenance, support

परवा (सं. स्त्री) (P) - परवाह, फ़िक्र, चिंता, ध्यान, care, concern

परेज / परहेज (सं.पु.) (P) - परहेज़, ऐसी वस्तुओं का सेवन न करना जिनसे स्वास्थ्य विगड़ता हो, संयम, निषेध, वर्जना, (प्र०- पथ परेज करण =निषिद्ध या वर्जित वस्तुओं का सेवन न करना, परहेज है ठुलि दवै नै = परहेज़ से बड़ी दवा नहीं, prevention is better than cure), abstention, continence, moderation, temperance

परि (सं. स्त्री) (P) - परी, लोकदेवी, अप्सरा, हूर, कथा-कहानियों में वर्णित कल्पित, रूपवती, पंखों वाली स्त्री, फ़ारसी मिथकों के अनुसार काफ़ पर्वत पर बसने वाली पंखों से युक्त वह सुंदर स्त्री जो जहाँ चाहे जा सकती थी

और जरूरत पड़ने परअद्दश्य हो जाती थी, लोकदेवी जो देवताओं की तरह पूजी जाती है-"परिमशाण पुजण" अर्थात परी और श्मशान देवता की पूजा, a fairy, a beautiful woman

परेड (*सं. स्त्री*) (*E*) – सैनिकों द्वारा किया जाने वाला नियमित अभ्यास या क़वायद, पथ-संचलन, प्रदर्शन, गश्त, parade, a procession of people

परेशान (*वि.*) (*P*) - हैरान, उद्विग्न, बेचैन, चिंतित, troubled, distressed, worried, perplexed

पर्चा (*सं.पु.*) (*P*) - परचा, काग़ज़ का टुकड़ा, चिट, काग़ज़ के छोटे टुकड़े पर लिखी हुई बात या सूचना, प्रश्नपत्र, a piece of paper, a note, a letter, prescription, examination-paper

पर्द (*सं.पु.*) (*P*) - परदा, आड़ करने के लिए लटकाया हुआ कपड़ा, पट, ओट, छिपाव, घूँघट, curtain, hanging screen, partition, veil

पलटण / पलटन (*सं. स्त्री*) (*E*) - पैदल सैनिकों की वह टुकड़ी जिसमें दो सौ सैनिक हों, छोटी सैन्य टुकड़ी या टोली, सेना, फ़ौज, originated from English word "platoon", a battalion, regiment, horde (as of insects or of children)

पलस्तर / पलास्तर *(सं.पु.)* *(E)* - सीमेंट या चूने को बालू में मिलाकर तैयार किया गया एक प्रकार का लेप जो मज़बूती और सुंदरता के लिए फर्श, दीवार या छत पर चढ़ाया जाता है, हड्डी जोड़ने के लिए लगाया जाने वाला लेप, (मु0 "म्यर पलस्तर बिगड़ गोछ" =मेरी अर्थिक स्थिति ख़राब हो गई), plaster, stucco, rough cast

पलास्टिक *(सं.पु.)* *(E)* - प्लास्टिक, एक कार्बनिक, संश्लेषित, कृश्रिम और लचीला पदार्थ जो बर्तन, खिलोने, उपकरण आदि के निर्माण में प्रयोग किया जाता है, पर्यावरण के लिए घातक एक रासायनिक तथा अविघटनीय पदार्थ, plastic

पलेट *(सं. स्त्री)* *(E)* - प्लेट, तश्करी, चीनी मिट्टी, स्टील या अन्य धातुओं से निर्मित एक छिछला पात्र, plate, dish

पलेटफारम / प्लेटफार्म *(सं.पु.)* *(E)* - ज़मीन से कुछ ऊँचा उठा चौकोर और चौरस चबूतरा, रेलवे स्टेशन में ट्रैन पर चढ़ने-उतरने के लिए बना लम्बा चबूतरा, मंच या मोर्चा, platform

पशम *(सं.पु.)* *(P)* - बहुत बढ़िया मुलायम ऊन जिससे दुशाले आदि बनते हैं, जननेन्द्रिय के आस-पास के बाल, पश्म, wool, body hair, something worthless

पश्मिण / पशम्युण / पशमिण (सं.पु.) (P) - पश्मीना, कश्मीर में बनने वाला एक प्रकार का ऊनी कपड़ा, भेड़ों की एक प्रजाति, woollen material, woollen shawl, a kind of sheep

पस्त / पश्त (वि.) (P) - पस्त, हारा हुआ, थका हुआ, पराजित, मायूस, शिथिल, निष्क्रिय, लघु, तुच्छ, हीन, weary, without spirit or energy. discouraged, demoralised, defeated, low, inferior, humble, base.

पहलवान (सं.पु.) (P) - कुश्ती लड़ने वाला व्यक्ति, मल्ल, मज़बूत और कसरती शरीर वाला, हृष्ट-पुष्ट बलवान व्यक्ति, a wrestler, athlete, a sturdily built man.

पा (सं.पु.) (P) - पैर, पाँव, क़दम, पैर से संबंधित जैसे पाजामा, पाज़ेब (पाँव में पहनने वाला आभूषण) पापोश (पाँव पोछने वाला कपड़ा), foot, leg

पाइप (सं.पु.) (E) - नल, तम्बाकू पीने की नली, सिगार, चिलम, पानी या अन्य तरल पदार्थ को एक स्थान से दूसरे स्थान की ओर प्रवाहित करने के लिये धातु या प्लास्टिक से बनी नली या नल, pipe

पारसल (सं.पु.) (*E*) - डाक अथवा अन्य माध्यम से भेजा गया सामानयुक्त लिफाफा / पेकेट, पार्सल, parcel, (प्र० – बाब सैप, पारसल करण छि है जाल के? = बाबू जी पार्सल करना है , क्या हो जाएगा ?)

पाल्टि (सं. स्त्री) (*E*) - पार्टी, राजनीतिक दल, समूह, दावत, प्रीतिभोज, party

पारक / पार्क (सं.पु.) (*E*) - सार्वजनिक उद्यान, उपवन, प्राकृतिक रूप में सुरक्षित, पेड़-पौधों फूलों आदि से सुसज्जित नगर का कोई सुरक्षित सार्वजनिक स्थान, park

पार्किंग (सं. स्त्री) (*E*) - वह स्थान जहाँ वाहन खड़े किए जाते हैं, पड़ाव, parking

पास (सं.पु.) (*E*) - किसी परिसर, कार्यालय, कारखाना आदि में प्रवेश करने हेतु आज्ञापत्र, परीक्षा में उत्तीर्ण होना, स्वीकृत, pass (प्र०- एल नक्स लै पास नि भै मकान कसिके लगल? = अभी नक़्शा भी स्वीकृत नहीं हुआ मकान कैसे बनेगा?)

पासपोर्ट (सं.पु.) (*E*) - विदेश जाने हेतु सरकार से लिया जाने वाला अनुमति-पत्र, पारपत्र, passport

पासबुक (*सं. स्त्री*) (*E*) - बैंक, डाकख़ाने आदि से मिली जमा और निकासी का लेखा रखने वाली पुस्तिका, लेखा पुस्तिका, passbook (प्र०- मेरी डाकखाण वाल पासबुक हरेगे डबल कसिक मिलल? मेरी डाकख़ाने वाली पासबुक खो गई है पैसे कैसे मिलेंगे?)

पिकनिक (*सं.पु.*) (*E*) - मनोरंजन के लिए घर से बाहर सैर-सपाटे के लिए जाना, picnic

पिक्चर (*सं. स्त्री*) (*E*) - फ़िल्म, सिनेमा, चलचित्र, cinema, movie, picture

पिटरोल / पेटरोल (*सं.पु.*) (*E*) - पेट्रोल, वाहनों में प्रयुक्त इंधन, petrol

पिन (*सं. स्त्री*) (*E*) - कागजों को नत्थी करने / एक साथ रखने के लिये प्रयुक्त पतली नुकीली कील, आलपिन, pin

पिनछिनि (*सं. स्त्री*) (*E*) - पेंसिल, pencil

पिंशन / पिनशनि / पिलशन / पिनसल (*सं. स्त्री*) (*E*) – पेंशन, सेना-निवृत्ति के बाद नियमित रूप से मिलने वाला मासिक धन, pension

पिनशिनरी / पिंशनर (सं.पु.) (E) - पेंशन भोगी, पेंशनधारी, pensioner

पिरेस (सं.पु.) (E) - मुद्रणालय, प्रेस (printing), छापाख़ाना, कपड़ों की सिकुड़न या सिलवट को दूर करने का यंत्र, इस्त्री, printig press, an iron, ironing

पिशाब / पिशाप / पिसाब (सं.पु.) (P) - मूत्र, मूत, पेशाब, वीर्य, urine, semen

पिस्त (सं.पु.) (P) - पिस्ता, एक प्रकार का मेवा, इसका पेड़, इस वृक्ष का जंगली रूप 'झंट्याल़ू' कहलाता है, pistachio, pistachio nut, pistachio tree

पिस्तौल (सं. स्त्री) (E) – गोली चलाने की छोटी बंदूक, गोली दागने का छोटा हथियार, pistol

पुदिन (सं.पु.) (P) - पुदीना, छोटी हरी पत्तियों वाला सुगंधित पौधा जिसकी पत्तियों से चटनी बनाई जाती है, mint, peppermint

पुर्ज (सं.पु.) (P) - पुरज़ा, किसी मशीन या यंत्र का अंग-प्रत्यंग, अवयव, पर्ची, काग़ज़ का टुकड़ा, खंड, किसी औज़ार का कोई हिस्सा, part, component (of a mechanism), piece, bit, scrap, a note (written on a piece of paper)

पुल (सं.पु.) (P) - सेतु, नदी-नालों रेल लाइनों आदि के ऊपर आर-पार कर बनाई गई वह वास्तु रचना जिस पर से होकर वाहन और पैदल चलने वाले इधर से उधर आते-जाते है, a bridge, an embankment, causeway

पुलाव (सं.पु.) (P) - मांस या सब्जी आदि को चावल के साथ पकाकर तैयार किया गया स्वादिष्ट व्यंजन, जैसे मीट पुलाव, मटर पुलाव, सब्ज़ी -पुलाव, a dish of fried or boiled rice and meat with spices

पुलिश / पुलिस (सं.स्त्री) (E) - जनता के जान-माल और शान्ति की रक्षा का प्रबंध करने वाला सरकारी विभाग, उक्त विभाग के लोगों का दल, आरक्षी, सिपाही, police

पुश्त (1) (सं. स्त्री) (P) - पीठ, पीछे का भाग, वंश, परंपरा, पीढ़ी, the back, generation, descent

पुश्त (2) (सं.पु.) (P) - पुश्ता, किसी दीवार की मज़बूती के लिए उससे सटाकर बनाया गया ढालदार टीला , ऊँची मेड़, किताब की जिल्द के पीछे का चमड़ा या कपड़ा, buttress, bank, mound, embankment, back

पुश्तैनी / पुस्तैनि (*वि.*) (*P*) -जो कई पीढ़ियों से चला आ रहा हो, पैतृक, पूर्वजों का, hereditary, traditional, ancestral

पेच (*सं.पु.*) (*P*) - घुमाव, चक्कर, लपेट, झंझट, चाल बाजी, कुश्ती का एक दाँव, चूड़ीदार कील, कठिनाई, परेशानी (प्र० –"ब्वारिक लिजी सासुल पेच लगै रई" बहू के लिए सास ने परेशानी पैदा कर रखी है), turn, twist, bend, coil, fold, contest (as between kite-flyers), complication, obstacle, difficulty, trick (as in wrestling), a screw

पेचकश (*सं.पु.*) (*P*) - पेच कसने का यंत्र, screwdriver

पेचदार (*वि.*) (*P*) - पेचयुक्त, उलझा हुआ, twisting, twisted, coiled, deceitful

पेटिकोट (*सं.पु.*) (*E*) - घाघरे की तरह का वस्त्र जिसे स्त्रियां साड़ी के अंदर पहनती हैं, petticoat

पेश (*अव्यय*) (*P*) - सामने, आगे, समक्ष, प्रस्तुत, forward, in front, present, produced.

पेशकार (*सं.पु.*) (*P*) - पेश करने वाला, न्यायालय में हाकिम के सामने काग़ज़-पत्र पेश करने वाला कर्मचारी, a junior court officer, agent, secretary

पेशगी (*सं. स्त्री*) - अग्रिम धन राशि, बयाना, वह धन जो किसी वस्तु को प्राप्त करने के लिए या कोई काम करवाने के लिए पहले ही दे दिया जाए, an advance (of money), assurance (for the future), token-money

पेशतर (*क्रि.वि.*) (*P*) - पूर्व, पहले, किसी की तुलना में पहले, before, previously, earlier

पेशा (*सं.पु.*) (*P*) - जीविका हेतु किया जाने वाला धंधा, व्यवसाय, काम, लाक्षगिक अर्थ में वेश्यागमन के लिए प्रयुक्त, trade, occupation, profession, cast, community

पेशी (*सं. स्त्री*) (*P*) - न्यायालय में मुक़दमें के पेश होने या सुनवाई होने की तिथि, उपस्थिति, हाज़िरी, hearing (of a case), appearance (in court), presence

पैजम / पैजा़म (*सं.पु.*) (*P*) - पाजामा, पैरों में पहनने का सिला हुआ पहनावा जिससे शरीर का कमर से नीचे का भाग ढका रहता है, loose cotton trousers

पैजेब (*सं. स्त्री*) (*P*) - पाज़ेब, चाँदी, सोने आदि का बना पैरों में पहने जाने वाला गहना, पायल, an ornament for the feet or ankles (a chain with small bells)

पैद (*वि.*) (*P*) - पैदा, जन्मा हुआ, उत्पन्न, उपजा हुआ, कमाया हुआ, born, produced, arisen, earned, acquired

पैदेश / पैदाइस (*सं. स्त्री*) (*P*) - पैदाइश, उत्पत्ति, जन्म, उपज, आविर्भाव, birth, origin, rise

पैदेशी / पैदायसी (*सं. स्त्री*) (*च्*) - पैदाइशी, जन्म से, जन्मजात, स्वाभाविक, inborn, innate, natural

पैदाबार / पैदावार (*सं. स्त्री*) (*P*) - अन्न आदि जो खेत में बोने से पैदा होता है, उपज, फसल, produce (as of land), production (as of an industry), profits, income

पैमाश (*सं. स्त्री*) (*P*) - पैमाइश, नापने या मापने की क्रिया, भूसर्वेक्षण के लिए की जाने वाली भवनों, खेतों, जमीनों आदि की माप, measuring, survey, surveying

पैरबी / पेरबि *(स स्त्री)* *(P)* – पैरवी, तरफ़दारी, पीछे-पीछे जाना, मुक़दमे में किसी पक्ष की बात को अदालत के सामने रखना, following (a course of action), adherence, endeavour, (प्र०- वीकि पैरबी करण लिजी क्वे वकील तय्यार नि छी = उसका पक्ष अदालत के सामने रखने के लिए कोई वकील तैयार नहीं था)

पोल *(स पु)* *(E)* – लकड़ी या लोहे का खंभा जैसे बिजली या टेलीफोन का खंभा, स्तंभ , pole

पोसटर *(स पु)* *(E)* – पोस्टर, बड़े काग़ज़ या कैनवास पर छपा /लिखा गया तथा प्रचार के उद्देश्य से लगाया गया विज्ञापन, poster, (प्र० – जाग-जाग उनार पोसटर-बेनर देखीणइं ,भौत जबरजस्त परचार हैरे = जगह-जगह उनके पोस्टर/बैनर दिखाई दे रहे हैं ,बड़ा ज़बरदस्त प्रचार हो रहा है)

पोसमाटम *(स पु)* *(E)* – पोस्टमॉर्टम, शव-परीक्षा या शव-विच्छेदन, मृत्यु का कारण जानने के लिए की जाने वाली शल्य-क्रिया, post-mortem, (प्र० – आब पोसमार्टम बाद पत्त लगल वीकि मौत कसि भे = अब पोस्टमॉर्टम के पश्चात ही पता चलेगा कि उसकी मृत्यु कैसे हुई)

प्लानिंग *(स स्त्री)* *(E)* - योजना, (प्र०- च्याल ब्वारि कब बै नैनताल जाणक प्लांनिग बणि रै छि = बेटे-बहु ने बहुत

पहले से नैनीताल जाने की योजना बना रखी थी),
planning, scheme, programme

प्याज (*सं. स्त्री*) (*P*) - प्याज़, तीव्र गंध वाली प्रसिद्ध
गांठदार मूल जिसका प्रयोग तरकारी मसाले और औषधि
आदि में होता है, onion

प्याल (*सं.पु.*) (*P*) - प्याला, चीनी, मिट्टी या धातु आदि
का बना हुआ पात्र जो जल, चाय, मदिरा या कोई अन्य
द्रव्य पीने के काम आता है, जाम, cup, drinking
vessel, goblet.

***

फ

फंड (सं.पु.) (E) – कोष, निधि, पैसा, fund

फकत / फगत (सं.पु.) (A) (वि.) - फ़क़त, अकेला, केवल, निर्धन, साधन हीन, सिर्फ़, मात्र, बस इतना ही, समाप्त, end, finish (used at the end of a document or letter), merely, simply, only.

फकीर (सं.पु.) (A) - साधु, संत, सन्यासी, वैरागी, भिक्षु, हिन्दू और मुसलमानों में साधु-संतों के लिए समान रूप से प्रयुक्त, (प्र०- फकीरै जै झोली = बहुत सीमित धन-संपत्ति), a saint, a monk, an ascetic (esp. Muslim), a beggar (as an adjective it means penniless, poor, economically weak

फखर (सं.पु.) (A) - फ़ख़्र, फ़र्ख़र, गर्व, नाज़, अभिमान, शेखी, glory, just pride, vainglory, boasting

फजर (सं. स्त्री) (A) - फ़जर, सुबह, सुबह तड़के, सूर्योदय से पहले और रात्रि की समाप्ति के मध्य का

समय, पौ फटते समय, मुसलमानों द्वारा सुबह सूर्य निकलने से पहले पढ़ी जाने वाली दिन की प्रथम नमाज़, dawn, early morning, dawn prayer offered by the Muslims.

फजित / फदित (सं.पु.) (A) - फ़ज़ीहत, फ़ज़ीअत, फ़ज़ीता, परेशानी, मुसीबत, दुर्गति, बेइज्जती, अपयश, जग हँसाई, बदनामी, (प्र०- फदित हुंण = बहुत परेशान होना, मुसीबत में पड़ना), digrace, shame, unnecessary exposure of the vices or faults

फजूल (वि.) (A) - फ़िज़ूल, आवश्यकता से अधिक, अतिरिक्त, व्यर्थ बेकार, बेमतलब, excessive, needless, pointless, nonsense, useless

फज्यत (सं. स्त्री) (A) - फ़ज़ीहत, अपमान, बेहज्जती, दुर्गति, कष्ट, पीड़ा, disgrace, shame

फतुर / फतूर (सं.पु.) (A) - फ़ितूर, दोष, विकार, बाधा, उपद्रव, उत्पात, शरारत, defect, unsoundness, discord, quarrel, row, fault, mischief

फतोई / फतुइ (सं. स्त्री) (A) - फ़तूही, एक प्रकार की कमर तक की बिना बाहों की कुर्ती या बंडी जिसमें प्रायः रुई भरी होती है और सामने की ओर बटन या हुक लगाए जाते हैं, बंडी, short, quilted waste coat

फत्ते (*सं. स्त्री*) (*A*) - फ़तह, विजय,जीत, कामयाबी, सफलता, victory, triumph

फब्बारा (*स पु*) (*A*) – फ़व्वारा, अनेक छिद्रों वाला एक यंत्र जिससे पानी की धाराएं एक सुंदर आकार मे चारों ओर गिरती हैं , फुहारा , fountain (प्र०- बगीच मे एक खबसूरत फब्बारा छी = बगीचे में एक सुंदर फ़व्वारा था)

फन (*सं.पु.*) (*A*) - फ़न, कला, गुण, ख़ूबी, विद्या, कौशल, दस्तकारी, an art, an accomplishment, a crafty trick, quality, handicraft

फरक (*सं.पु.*) (*A*) - फ़र्क़, भिन्नता, भेद, विषमता, अंतर, मतभेद, कमी, कसर, separation, space, distinction, difference, discrimination

फरज (*सं.पु.*) (*A*) - फ़र्ज़, कर्तत्य, जिम्मेदारी, a religious or moral obligation, a duty, responsibility

फरजी (*वि.*) (*A*) - फ़र्ज़ी, नक़ली, कृत्रिम, जाली, असत्य, अनुमानित जो यथार्थ न हो, fake, false, hypothetical

फरमा / फर्मा (*सं.पु.*) (*E*) - वह साँचा जिसके अनुरूप कोई चीज़ बनाई जाती है, फ्रेम, ढाँचे में कसी हुई

मुद्रणीय सामग्री, (from English word "form "or "fomat"), a mould, form, printer's form

फरश (सं.पु.) (A) - फर्श, किसी भवन या अन्य स्थान में मिट्टी, सीमेंट, पत्थर आदि से बनी हुई ज़मीन, भूमि, ज़मीन पर बिछाने की कोई चीज़, बिछावन, a floor, paving, pavement, the ground, spreading, carpeting, floorcloth

फरशी (सं. स्त्री) (P) - फर्शी, फरशी, धातु निर्मित उल्टी हुई चिलम की आकृति का वह बर्तन जो हुक़्क़े का फर्श में रखे जाने वाला निचला भाग होता है और जिसमें पानी भरा जाता है, a large flat-bottom part of a hukka which is filled with water, it reaches to the floor as if bowing to greet someone superior (इसीलिए अधिक झुक कर किए गए सलाम को "फर्शी सलाम "कहा जाता है), having to do with a carpet or floor

फरागत (सं. स्त्री) (A) - फ़राग़त, छुटकारा, मुक्ति, निवृत्ति, अवकाश,छुट्टी, निश्चिंतता, (प्र० - 'फरागतहण' किसी काम से मुक्त होना, 'दिशा' फरागत' शौच से निवृत्त होना), respite (from work), leisure, ease, freedom from care, obeying to a call of nature

फरार (*वि.*) (*P*) - फ़रार, जो भय के कारण भाग गया हो या छिप गया हो, जो अपराधी शासन की हिरासत से चकमा देकर भाग गया हो, escaped, an escaped person, absconder, fugitive.

फरेब (*सं.पु.*) (*P*) - फ़रेब, छल, धोखा, कपट, चालाकी, धूर्तता, ठगी, जालसाज़ी, deceit, fraud, guile

फलसाण / फलाण / फलस्याण (*वि.*) (*A*) - फलाँ, जिसका उल्लेख बिना नाम लिए किया जाए जैसे फलाँ व्यक्ति या वस्तु, अमुक, अनिश्चित, such and such, any, so and so, particular, certain

फसल (*सं. स्त्री*) (*A*) - फ़सल, खेती, उपज, पैदावार, खेत में खड़े अनाज के पौधे, अनाज बोने का उपयुक्त समय या ऋतु, division, season, harvest, harvest-time, crop, crops (either standing or when ready for harvesting)

फसली (*वि.*) (*A*) - फ़सली, फ़सल संबंधी, किसी विशिष्ट ऋतु में होने वाला, मौसमी, seasonal, having to do with the harvest.

फस्ट (*वि.*) (*E*) - प्रथम, पहले स्थान पर, अव्वल, फर्स्ट, first

फाइन (*सं.पु.*) (*E*) - फ़ाइन, जुर्माना, अर्थ दण्ड, fine

फाइनल (*वि.*) (*E*) - अंतिम, आख़िरी, निर्णायक, final

फाइल (*सं. स्त्री*) (*E*) - एक खोल या जिल्द जिसमें नत्थी किए गए काग़ज़-पत्र रखे जाते हैं, file

फा़ंक (*सं.पु.*) (*A*) - फ़ाक़ा, उपवास, निराहार या भूखे रहने की अवस्था, गरीबी, दरिद्रता, कंगाली, going without food, starving, starvation

फाम (*सं. स्त्री*) (*A*) - स्मृति, याददाश्त, याद, अरबी शब्द फहम या पहम से व्युत्पन्न जिसका अर्थ है अक़्ल, समझ, memory, wisdom, understanding, comprehension

फारिक / फारिग (*वि.*) (*A*) - फारिग़, जिसे फ़राग़त (छुटकारा / मुक्ति) मिल चुकी हो, मुक्त, आज़ाद, बेफ़िक्र, कार्य से निवृत्त, free (as of a task or burden), freed

फासल (*सं.पु.*) (*A*) - फ़ासला, दूर होने की अवस्था या भाव, अंतर, दूरी, भेद, मनमुटाव, state of being distant, distance between two points or places, intervening space

फिकर (*सं. स्त्री*) (*A*) - फ़िकर, फ़िक्र, चिंता, अंदेशा, शंका, किसी कार्य को करने के लिए किया जाने वाला चिंतन, ध्यान, परवाह, thought, reflection, care, concern, anxiety, grief.

फिजूल (*वि.*) (*A*) - फ़िज़ूल, व्यर्थ, बेकार, निरर्थक, अतिरिक्त, futile, extravagant

फिट (*वि.*) (*E*) - उपयुक्त, योग्य, लायक, समर्थ, माप में सही आकार का, सटीक, सही, स्वस्थ, fitting, suitable

फिनैल / फिनाइल (*सं.पु.*) (*E*) - फ़िनायल, एक किटाणुनाशक रसायन, phenyle, a floor cleaning chemical

फिरंगी (*सं.पु.*) (*P*) – यूरोपियन, विलायती, अंग्रेज़, फ्राँस का निवासी, फ्रेंक-फेरेंग-फिरंग, country of the Franks, European

फिराक (*सं.पु.*) (*A*) - फ़िराक़, खोज, ध्यान, धुन, चिंता, वियोग, जुदाई, keen desire, care, anxiety, separation

फील्ड (*स पु*) (*E*) – खेत, मैदान, खेल का मैदान , playing ground, field, (प्र०- देब सिंह फील्ड

पिठौरागढ़ क परसिद्ध खेल मैदान छु = देव सिंह फील्ड पिथौरागढ़ का प्रसिद्ध खेल-मैदान है)

फीस (सं. स्त्री) (E) - विद्यार्थियों से शिक्षण हेतु लिया जाने वाला शुल्क, डाक्टरों, वकीलों, आदि को दिया जाने वाला पारिश्रमिक, fee, an amount paid for the services rendered.

फुट (सं.पु.) (E) - फुट, बारह इंच लंबाई की माप, foot

फुटबॉल / फुटबौल (सं.पु.) (E) - चमड़े की हवा भरी हुई गेंद या बॉल को पैर से मारकर खेला जाने वाला एक तरह का खेल, football

फुरसत / फुर्सत (सं. स्त्री) (A) - फुरसत, अवकाश, छुट्टी, ख़ाली वक़्त, मुक्ति, छुटकारा, मौका, समय, इत्मिनान, leisure, free time, opportunity, respite, rest, leave, recovery (from illness), relief

फूनटीन /फोनटिन (सं. स्त्री/पु.) (E) - फाउनटेनपेन, स्याही भरी हुई लेखनी या क़लम, pen, fountain pen

फेल (वि.) (E) - फ़ेल, असफल, विफल, नाकाम, परीक्षा में अनुत्तीर्ण, fail, unsuccessful, one who cannot achieve the goal

फैद *(सं.पु.)* *(A)* - फ़ायदा, लाभ, नफ़ा, अच्छा फल या परिणाम, अच्छा असर (दवाई आदि का), आर्थिक प्राप्ति, gain, advantage, benefit, profit, value, use, convalescence

फैर *(सं.पु.)* *(E)* - तोप, बंदूक आदि दागने की क्रिया, गोलीबारी, गोली चलना, fire, firing (of a shot)

फैशन *(सं.पु.)* *(E)* - आडम्बर, दिखावा, चलन, रिवाज, fashion

फैसा़ल / फैसल *(सं.पु.)* *(A)* - फ़ैसला, किसी विवाद या मुकदमें का निर्णय, अंतिम निश्चय, न्यायालय का अंतिम आदेश, judgment, adjudication (of a case), decision

फोटु *(सं.पु.)* *(E)* - फ़ोटो, चित्र, तस्वीर, केमरे से ली गई / बनाई गई तस्वीर, photograph

फोटोइस्टेट / फोटोस्टेट *(स स्त्री)* – किसी दस्तावेज़, फोटो या छाया-चित्र की छाया-प्रतिलिपि, photostat, (प्र०- यां नजीक क्वे फोटोइस्टेटकि दुकान छ ? यहाँ निकट में कोई फ़ोटोस्टेट की दुकान है ?)

फौज *(सं. स्त्री)* *(A)* - फ़ौज, सेना, पल्टन, लश्कर, झुंड, जत्था, an army, military

फौजदारी (*स स्त्री*) (*A+P*) - मारपीट की कोई घटना, आपराधिक झगड़ा, वह न्यायलय जहाँ इस प्रकार के मामलों की सुनवाई होती है, (प्र ० - फौजदारी करण = आपराधिक कार्य करना), to commit a criminal offence, to commit an assault

फौजी (*सं.पु.*) (*A*) - सैनिक, फ़ौज से संबंध रखने वाला, फ़ौजी, फ़ौज का, सिपाही, soldier, a military officer

फौंत (*सं. स्त्री*) (*A*) - फ़ौत, मृत्यु, मौत, death, passing away, being lost

फौंतारि (*सं. स़्त्री*) (*A+P*) - अरबी-फारसी शब्द 'फ़ौजदारी' का सरलीकरण जिसका अर्थ है दंडयोग्य अपराध, मारपीट की घटना, झगड़ा, न्यायालय जिसमें ऐसे अपराधों की सुनवाई होती है, criminal offence, an assault, breach of peace

फौलाद (*सं.पु.*) (*A*) - फ़ौलाद, बहुत कड़ा और मज़बूत लोहा, इस्पात, लोहे का उत्कृष्ट रूप, लाक्षणिक अर्थ शक्तिशाली, steel

फौलादी (*वि.*) (*A*) - फ़ौलादी, फ़ौलाद (इस्पात) का बना हुआ, बहुत ही दृढ़ और मज़बूत, पक्का, कहावत भी है 'ग्यों रवटें हेंणि फौलादी पेट चैंछ' अर्थात गेहूँ की रोटी

पचाने के लिए फ़ौलाद जैसा मज़बूत पेट चाहिए, made of steel, having to do with steel, steely, strong, unyielding.

फ्यूज (सं.पु.) (*E*) - विद्युत परिपथ में लगाया जाने वाला धातु के तार का टुकड़ा, फ़्यूज़ वायर, बिजली बल्ब का बेकार हो जाना (प्र०- "य बलब फ्यूज हेगो" - यह बल्ब फ़्यूज़ (ख़राब) हो गया है), fuse

फ्री (*वि.*) (*E*) - फ़्री, मुफ़्त, निःशुल्क, स्वतंत्र, मुक्त, free

***

ब

बंद (*सं.पु.*) (*P*) - अवरूद्ध, रोक, बांध, मेड़, क़ैद, बंधन, चारों तरफ से घिरा हुआ, थमा हुआ, fastened, tied, bound, closed, confined, shut, stopped

बंदिश (*सं. स्त्री*) (*P*) - प्रतिबंध, बाँधने का भाव, रोक, पाबंदी, साज़िश, रचना, a tying, binding, restriction, limitation, plot, structure, pattern (of verse, music), words (of a song)

बंदी (*सं.पु.*) (*P*) - गिरफ़्तार किया हुआ व्यक्ति, क़ैदी, a prisoner, a slave

बंदूक (*सं. स्त्री*) (*A*) - बंदूक़, धातु निर्मित नली वाला एक अस्त्र जिसमें गोली रखकर बारूद की सहायता से चलाई जाती है, gun, musket,

बंदोबस्त (*सं.पु.*) (*P*) - व्यवस्था, इंतजाम, प्रबंध, भूमि - प्रबंधन, खेतों की माप, हदबंदी, लगान, स्वामित्व आदि

की व्यवास्था, एक निश्चित अवधि के पश्चात शासन द्वारा कृषि भूमि की पुनर्व्यवस्था, management, arrangement, settlement

बक्शीश / बक्शिश / बख्शीश / बगशीश (सं. स्त्री) (P) - बऱ्शीश, उपहारस्वरूप मिला हुआ धन, दान, सेवकों को दिया जाने वाला पुरस्कार, इनाम, पारितोषिक, a gift, gratuity, tip, forgiveness

बक्शण (क्रि.) (P) - बऱ्शना, छोड़ना, क्षमा करना, मुक्त करना, to bestow, to forgive, to relieve

बक्सु / बगसू (सं.पु.) (E) - बकसुआ, बकलस, लोहे-पीतल आदि का चौकोर छल्ला जिसमें पेटी को फंसा कर कसा जाता है, अंग्रेज़ी शब्द बकल (buckle) से बना शब्द, a buckle, tongue of a buckle

बकस / बगस / बक्स (सं.पु.) (E) - बक्सा, संदूक, डिब्बा, box, case, trunk

बकाइ (सं.पु.) (A) - बक़ाया, (बाक़ी से बना शब्द), शेष वस्तु, बात या काम, बाकी पड़ी हुई या बची हुई रक़म, अवशिष्ट, अवशेष, remainder, balance, arrears, dues

बखत (सं.पु.) $(A+P)$ - अरबी शब्द वक़्त और फ़ारसी शब्द बख़्त का परिवर्तित रूप, अरबी शब्द वक़्त का अर्थ है -समय, काल, अवसर, मौक़ा, नियत काल, मृत्यु का समय आदि । फ़ारसी शब्द बख़्त का अर्थ है - भाग्य, सौभाग्य, नसीब, हिस्सा आदि, बख़्त से ही कमबख़्त (अभागा) और बख़्तावर (भाग्यशाली) शब्द बने हैं । कुमाउनी "बखत" अरबी शब्द वक़्त से वकत, बकत, बखत में रूपांतरित हुआ प्रतीत होता है लेकिन अरबी-फ़ारसी दोनों के अर्थ में प्रयुक्त है अर्थात कुमाउनी में इसके विभिन्न अर्थ हैं जैसे; समय,अवकाश,अवसर, निश्चित समय जैसे मौत की घड़ी, भाग्य, सौभाग्य, समृद्धि आदि (प्र०- तेक बखत एगो आब क्वे नि हे सकूं- उसकी मृत्यु का समय आ गया अब कुछ नही हो सकता ।), time, opportunity, hour of death, the destined time, fortune, good fortune, luck, prosperity (कहावतें - बखता घौ पुरयुण, बखत पड़ण, बखत पर माट लै बिचा), आगकि लपट, हौ कि चपत, न देखणि बखत-कुबखत -शेरदा)

बखतर (सं.पु.) (P) - फ़ारसी शब्द बकतर का परिवर्तित रूप, लोहे की बनी जाली का वह कवच या अंगत्राण जो पुराने समय में युद्ध में पहना जाता था, coat of mail, armour

बख्शी (सं.पु.) (P) - गाँव, क़स्बों में कर वसूलने वाला अधिकारी, मध्यकाल में तनख़्वाह बांटने वाला कर्मचारी,

कोषाध्यक्ष, खज़ांची, कुमाउँ के चंद राजाओं के समय में वित्तमंत्री, treasurer, paymaster, in ancient time an official who used to collect tax.

बगल (*सं. स्त्री*) (*P*) - बग़ल, पास, निकट, बाहुमूल के नीचे का गड्ढा, बांह की ओर का, पहलू, पड़ौस, समीपवर्ती स्थान, at one side (of an object, a place), armpit, adjoining

बगिच (*सं.पु.*) (*P*) - बग़ीचा, छोटा बाग़, फुलवारी, उपवन, बाग़ीचा, a small garden, a flower or vegetable garden, orchard, plantation

बच्च (*सं.पु.*) (*P*) - बच्चा, शिशु, बालक, लड़का, पुत्र, संतान, अनुभवहीन, भोला, नादान, नवजात शिशु, a child, a boy, an infant, young, a simple, thoughtless or inexperienced person

बजट (*सं.पु.*) (*E*) - आय-व्यय का लेखा, आय-व्यय पत्रक, मासिक या वार्षिक आय-व्यय का लेखा-जोखा, budget

बजाज (*सं.पु.*) (*I*) - बज़ाज़, कपड़ा बेचने वाला व्यक्ति, वस्त्र विक्रेता, cloth merchant, draper

बजार (सं.पु.) (*P*) - बाज़ार, वस्तुओं के क्रय-विक्रय का निश्चित स्थान, वह स्थान जहाँ तरह-तरह की वस्तुओं की दुकाने हों, क्रय-विक्रय के लिए एकत्र हुए लोग, हाट, मंडी, (क०-बजार खै खुशयांणि घर ऐ बेर पिरपिरि = कहीं का गुस्सा कहीं और निकालना), marketplace or area, bazar, market, rate, price, demand (for something)

बजारि (*वि.*) (*P*) - बाज़ारू, बाज़ार से संबंधित, अपशब्द के रूप में अर्थ अश्लील, व्यभिचारी आदि

बज्जात (*वि.*) (*P+A*) – (बद+ज़ात), बदज़ात, नीच, लुच्चा, दुष्ट, अधम, base-born, vicious, wicked, vile

बटन / बटण (सं.पु.) (*E*) - सिले हुए वस्त्रों में लगाई जाने वाली गोल घुंडी जिसे काज की सहायता से कपड़े को सुविधानुसार खोला व बंद किया जा सकता है, बिजली के उपकरणों को चलाने या खोलने वाली घुंडी, रस्सी आदि को बटना, a button, switch, twist

बटालियन (*सं. स्त्री*) (*E*) – सैनिकों की बड़ी टुकड़ी, कई कंपनियों वाला पैदल सेना का एक विभाग, a battalion

बत्तर (वि.) (P) - बदतर, बहुत बेकार, बुरे से बुरा, worse

बतमीज / बदमीज / बत्तमीज (*वि.*) (*P+A*) - बदतमीज़, जिसे तमीज़ या सलीका न हो, असंस्कृत, धृष्ट, अशिष्ट, असभ्य, दुष्ट, अभद्र, उजड्डु, unmannerly, uncivilized, rude, discourteous

बद (*वि.*) (*P*) - बुरा, ख़राब, दुष्ट, उपसर्ग के रूप में शब्दों का बुरा और विपरीत अर्थ प्रकट करने वाला जैसे बदनाम, बदचलन, बदनसीब आदि, bad, wicked

बदन (*सं.पु.*) (*A*) - देह, शरीर, तन, the body, physical frame

बदनसीब (*वि.*) (*P+A*) - अभागा, बदक़िस्मत, ill fated, unfortunate, unlucky.

बदनाम (*वि.*) (*P*) - कलंकित, कुख्यात, infamous, disgraced

बदबु (*सं. स्त्री*) (*P*) - बदबू, बुरी गंध, दुर्गंध, bad smell, stench, stink

बदमाश / बदमास (*वि.*) (*P*) - बुरे और निकृष्ट काम करने वाला, बदचलन, लुच्चा, गुंडा, (प्र०- त भौत बदमास आदिम छू= वह बहुत लुच्चा आदमी है), wicked, villainous, immoral

बदमाशी / बदमासि (*सं. स्त्री*) (*P*) - बदचलनी, व्यभिचार, दुष्टता, दुष्कर्म, लुच्चापन, immoral, villainous or unfair act

बस्सूरत / बदसूरत (*वि.*) (*P+A*) - बुरी सूरत वाला, बदशक्ल, कुरूप, ugly, misshapen

बदहाल (*वि.*) (*P +A*) - दुर्दशाग्रस्त, रोग से पीड़ित और आक्रांत, कंगाल, in bad state (as through poverty or sickness)

बदल / बदव (*सं. पु.*) (*A*) - बदल, बदलने की क्रिया या भाव, परिवर्तित, बदले में दी हुई वस्तु, क्षतिपूर्ति, बदला (प्र० -बदल लिण-बदला लेना), change, exchange, substitution, retaliation, revenge

बदाम (*स पु*) (*P*) - बादाम, एक वृक्ष जिसके फल के बीज मेवों में गिने जाते हैं, almond, tree and nut

बदामि (*वि*) (*P*) - बादामी, बादाम या बादाम के छिलके जैसे रंग का, बादाम संबंधित, almond-colour, light brown, made of or containing almonds, almond shaped.

बदी / बदि (स स्त्री) (P) - बुराई, ख़राबी, बुरे होने की अवस्था या भाव, evil, mischief, misfortune

बदौलत / बदोलत (क्रि वि) (P) - वजह, कारण, कृपा से, अनुग्रह से, by means of, through the grace of, by virtue of, due to

बन्नाम (वि) (P) दे० - बदनाम

बन्नामि (स स्त्री) (P) - बदनामी, लोक निंदा, अपकीर्ति, बेइज़्ज़ती, bad reputation or character, disgrace, vilification

बबाल (स पु) (A) - अरबी शब्द वबाल का परिवर्तित रूप, बावेला, बवाल, बरखेड़ा, फ़साद, किसी कार्य को झंझट समझकर अकुशलता या लापरवाही से निपटाना, बबाल खेड़ना, (प्र०- बबाल पालण = मुसीबत मोल लेना), calamity, ruin, misfortune, burden, vexation, curse, load, furore, turmoil

बम (स पु) (E) - बम का गोला, बारूद भरा हुआ विस्फोटक पिंड, bomb

बयान (स पु) (A) - अभियुक्त या साक्षी द्वारा न्यायालय में कही गई बात, वृतांत, वर्णन, ज़िक्र, description, exposition, account, declaration, assertion, circumstantial evidence, statement in presence of a judge or officer

बया़न / बयाना (स पु) (A+P) - सौदा पक्का करने के लिए ख़रीदार द्वारा बेचने वाले को दी जाने वाली अग्रिम धनराशि, पेशगी, deposit (on an intended purchase), an advance, earnest money

बरंडी / बरांडि (स स्त्री) (E) - ब्रांडी, एक प्रकार की मदिरा, brandy, liquor

बरकत (स स्त्री) (A) - वृद्धि, बढ़ोत्तरी, कल्याण, मंगल, प्रचुरता, सौभाग्य, लाभ, अनाज को मापने के बर्तन की पहली माप को एक न बोल कर बरकत बोला जाता है जैसे बरकत-द्वि-तीन-चार---, समृद्धि, लाभ, कल्याण के उद्देश्य से ऐसा करना शुभ माना जाता है (लोकविश्वास के अनुसार), blessing, benediction, increase, abundance, prosperity, success, good fortune, (प्र० – हरामकि कमै में बरकत कभै बरकत नि हुंछ = हराम की कमाई से कभी संपन्नता प्राप्त नहीं होती)

बरकती (*वि*) (*A*) - बरकत वाला, शुभ, कल्याणकारी, समृद्धि लाने वाला, blessed, symbol of success or prosperity.

बरखाश / बरखास (*वि*) (*P*) - बरख़ास्त, जिसे नौकरी या पद से हटा दिया गया हो, पदच्युत, समाप्त या विसर्जित (सभा, सम्मलेन, अधिवेशन आदि), breaking up, closing, removal or dismissal (from office, post or job)

बरदाश / बरदास (*स स्त्री*) (*P*) - बर्दाश्त, सहन करने का भाव, सहनशीलता, endurance, bearing, tolerating.

बरफ (*स स्त्री/पु*) (*P*) - बर्फ़, बरफ़, पानी का ठोस रूप, जमा हुआ पानी, हिम, तुषार, पाला, कृत्रिम रूप से जमाया गया पानी, ओला, ice, snow, hail, frozen water

बरबाद (*वि*) (*P*) – बर्बाद, नष्ट, विनष्ट, समाप्त, चौपट, उजड़ा या लुटा हुआ, ख़त्म, तबाह, destroyed, plundered, ruined.

बरबादी (*स स्त्री*) (*P*) - विनाश, तबाही, बरबाद होने का भाव, destruction, plunder, wastage

बरंडा / बरांडा (स पु) (*P*) - बरामदा, घर का बाहरी छत से ढका किंतु सामने से खुला हुआ स्थान जो बैठने या अन्य कामों के लिए प्रयोग किया जाता है, दालान, ओसारा, यह फ़ारसी क्रिया "बरआमदन" से बना शब्द है जिसका अर्थ है चढ़ना, आना, प्रकट होना, to ascend, to arise, comeforth, appear, emerge, to pass through, veranda, porch

बराबर / बरोबर (स पु) (*P*) – बराबर, समान, तुल्य, सदृश, समतल, (अव्यय) - एक पंक्ति में, लगातार, साथ, पास, सदा, abreast, level (with), equal (as a score), even, adjacent, neighbouring, opposite (to), uniform, similar, constantly, continuously

बराबरी / बरोबरी (स स्त्री) (*P*) -बराबरी, समानता, मुक़ाबला, सामना, प्रतिस्पर्धा, लगातार, (प्र०- बरोबरी करण = प्रतिस्पर्धा करना), equality, comparability (between), parallelism

बर्फि / बरफि (स स्त्री) (*P*) - बर्फ़ी, बरफ़ी, चौकोर टुकड़ों में कटी एक मिठाई जो खोया, चीनी, काजू आदि मिलाकर बनाई जाती है, a sweet made in square shapes from thikened milk, sugar and nuts.

बलगम *(स पु)* *(A)* - बलग़ाम, कफ़, श्लेष्मा, phlegm, mucus, running of the nose.

बलब *(स पु)* *(E)* - बल्ब, विद्युत् प्रवाह से जलने, बुझने वाला प्रकाश का स्रोत, an electric bulb

बल्कन / बलकन *(अव्यय)* *(P)* - बल्कि, किंतु, वरन, अपितु, अच्छा हो कि, on the contrary, nay, but, rather

बला *(स स्त्री)* *(A)* - मुसीबत, आफ़त, आपत्ति, रोग, भूत-प्रेत बाधा, बहुत कष्ट देने वाला व्यक्ति या वस्तु, चालाक, धूर्त, calamity, misfortune, affliction, evil spirit, an awful or terrible person or thing

बस (1) *(स स्त्री)* *(E)* - बड़ी मोटर गाड़ी, सार्वजनिक यात्री वाहन, bus (प्र० – भौत देर हैगे आब बस यां बै नि मिलैलि = बहुत देर हो गई अब यहाँ से बस नहीं मिलेगी)

बस (2) *(वि)* *(P)* - और नहीं, और अधिक नहीं, इतना बहुत है, enough, ample, very much, too much

बस (3) (*क्रि वि*) (*P*) - सक्षेप में, एक शब्द में, सिर्फ़, केवल, and so, in short, in a word, only, merely (उ०- बस यही कहना चाहता हूँ - I just want to say)

बस (4) (*विस्मयादि बोधक*) (*P*) - बस बहुत हुआ! रुको!, बस ठीक, enough, stop! , to stop, to desist, to make an end to

बसर (*स स्त्री*) (*P*) - गुज़र, निर्वाह, जीवनयापन, maintenance, subsistence

बस्त (*स पु*) (*P*) - बस्ता, कपड़े या चमड़े का वह थैला या झोला जिसमें विद्यार्थी पाठ्यपुस्तकें रखकर विद्यालय ले जाते हैं, बंधा हुआ, तह किया हुआ वह कपड़ा जिसमें किताबें या काग़ज़-पत्र बांधे जाएं, cloth wrapper, bundle (as of papers, books), schoolbag of the student for containing textbooks, parcel.

बहस / भहस / भेस (*स स्त्री*) (*A*) - वाद-विवाद, ज़िरह, तर्क-वितर्क, झगड़ा, debate, discussion, dispute, argument, quarrel, wrangle, controversy

बहादुर *(स पु / वि)* *(TR)* - शूर, सूरमा, योद्धा, नायक, वीर, साहसी, दिलेर, हिम्मत वाला, hero, bold, courageous, brave, एक सम्मानजनक उपाधि (honorific title affixed to a name)- ब्रिटिश शासन में हिन्दुओं और मुसलमानों को सम्मानित करने वाली उपाधियाँ क्रमशः "राय बहादुर" और "ख़ान बहादुर", Honorific titles in British raj such as "Rai Bahadur" and "khan Bahadur" given respectively to Hindus and Muslims

बहादुरी *(स स्त्री)* *(TR)* - वीरता, साहस, हिम्मत, दिलेरी, bravery, courage, fearlessness

बहान *(स पु)* *(P)* - बहाना, काम या उद्देश्य को पूरा न करने के लिए बोला जाने वाला झूठ, टालमटोल, बनावटी बात, कारण, हेतु, वजह, निमित्त, नाम मात्र का कारण, excuse, pretext, evasion, subterfuge

बहार *(स स्त्री)* *(P)* - फूलों के खिलने का मौसम, शोभा, रौनक, आनंद, ख़ुशी, बसंत ऋतु, flourishing state, youth, prime, beauty, delight, elegance

बहाल *(वि)* *(P)* - पूर्व स्थिति को प्राप्त, क़ायम, ज्यों का त्यों, मुअत्तली की समाप्ति होकर पुनर्नियुक्त, in the usual state, as previously, in good state or health (a person), established (a law), restored, reinstated (to health or in office)

बांकि (*वि*) (*A*) - बाक़ी, शेष, अवशिष्ट, बचा हुआ, देय, जो रक़म अदा की जानी रह गई हो, मौजूद, remainder, balance, arrears, subtraction

बाग (*स पु*) (*P*) - बाग़, उद्यान, उपवन, बग़ीचा, large garden, park, grove, orchard, plantation

बाज (*स पु*) (*A*) - बाज़, एक प्रसिद्ध शिकारी पक्षी, hawk, falcon

बाज (*वि*) (*A*) - बाज़, कतिपय, कोई-कोई, चंद कुछ, विशिष्ट, (प्र०- बाज़ लोग एकदम आपा खो देते हैं = certain people abruptly lose temper) some, certain, various

बाजि / बाजी (*स स्त्री*) (*P*) - बाज़ी, शतरंज या ताश आदि का पूरा खेल, किसी खेल का दाँव, बारी, शर्त, करतब, तमाशा (प्र०- बाजि मारण = बाज़ी मारना, बाज़ी मार ले जाना, जीतना, सफलता प्राप्त करना), game, play, contest, game of chance, gambling, wager, bet, turn (in a game)

बारिक / बारीक (*वि*) (*P*) - बारीक, महीन, सूक्ष्म, गंभीर, गूढ़, पतला, fine, thin, slender, delicate, fine (as of texture, form or work), precise, exact

बारूद (*स पु*) (*P*) - एक प्रसिद्ध विस्फोटक चूर्ण, गंधक, शोरे, कोयले आदि का विस्फोटक मिश्रण (ग्वव-बारूद =गोला बारूद), gun powder, firecrackers

बारूदी (*वि*) (*P*) - बारूद का, बारूद संबंधी, जिसमें बारूद हो, having to do with gunpowder.

बालिस्त (*स पु*) (*P*) - बालिश्त, अंगूठे के सिरे से सबसे छोटी अंगुली के छोर तक की लंबाई या माप, बित्ता, हाथ के पंजे के बराबर की लंबाई या माप, a span of the extended hand

बिगुल (*स पु*) (*E*) - पाश्चात्य ढंग की एक प्रकार की तुरही जो प्रायः सैनिकों को एकत्र करने के लिए बजाई जाती है, bugle, a bugle is a simple brass musical instrument that looks like a small trumpet which is used in the army for announcing some activity.

बिगेर / बिगर (*क्रि वि*) (*A & P*) - बग़ैर, बिना, रहित, सिवा, न होने की अवस्था में, छोड़ कर, without, excluding, except, except for, lacking or wanting in

बिमार (*स पु*) (*P*) - बीमार, रोगग्रस्त, मरीज़, ill, unwell, a sick person, a patient

बिमारि (*स स्त्री*) (*P*) - बीमारी, रोग, मर्ज़, झंझट का काम, illness, disease

बियाबान (*स पु*) (*P*) - जंगल, वन, उजाड़ जगह, निर्जन स्थान, wilderness, a desert, uninhabited, deserted.

बिरादर (*स पु*) (*P*) - भाई, भ्राता, बंधु, रिश्तेदार, नातेदार, सजातीय, बिरादरी का व्यक्ति, brother, a member of the community or caste, of the same caste

बिरादरी (*स स्त्री*) (*P*) - रिश्तेदारी, एक जाति या समुदाय वाले लोग, भाई-बंधु, गोत्र, जाति, ऐसे लोगों का वर्ग जिनमें परस्पर बन्धुत्वपूर्ण व्यवहार हो, brotherhood, kinship, community, fraternity, caste

बिलैंत / बिलैति / बिलायत (*स स्त्री*) (*A*) - विलायत, वलायत, वली का देश, ईश्वर के दूत का शासन अर्थात

इंग्लैंड, यूरोप, बहुत दूर या समुद्र पार का देश, पराया देश, विदेश, पिछली दो सदियों में भारतीय जनसामान्य द्वारा इंग्लैंड के लिए प्रयुक्त नाम, (क०- बूँद गे बिलायत हूँ = अवसर गंवा देना, उचित समय का निकल जाना), a province, realm, a realm beyond India, England, Europe, Britain, the west

बिलैंति मिठै (स स्त्री) (A) – बिलायती मिठाई, toffee of England or from a foreign country

बिलौक (स पु) (E) - ब्लॉक, ब्लोक, विकास-खंड, ज़िले की एक इकाई, block, an administrative division of a district

बिलौज (स पु) (E) - ब्लाउज़, चोली, blouse

बिलकुल / बिल्कुल (*क्रि वि*) (A) - पूर्णतः, एकदम, नितांत, निरा, निपट, सर्वथा, समस्त, entirely, completely, quite

बिस्तर (स पु) (P) - शय्या, बिस्तरा, बिछौना, बिछावन, bedding, bedroll, bed

बिस्कुट (स पु) (E) - आटे या मैदा से बनी मीठी अथवा नमकीन टिकिया, biscuit

बिहाल (*वि*) (*P+A*) - बेहाल, बेसुध, अचेत, दुर्दशाग्रस्त, व्याकुल, बेचैन, in a bad state or plight, damaged, useless

बिहोश / बिहोस (*वि*) (*P*) - बेहोश, अचेत, बेसुध, मूर्छित, जिसे होश न हो, unconscious

बिहोसि / बिहोशि (*स स्त्री*) (*P*) - बेहोशी, मूर्छा, अवचेतन की अवस्था, unconsciousness

बुकशट / बुकसट (*स स्त्री०*) (*E*) - बुशर्ट, एक प्रकार की कमीज़ जिसमें सामने का खुला भाग बटनों की सहायता से बंद किया जाता है, shirt

बुखार (*स पु*) (*A*) - ज्वर की बीमारी, शरीर का तापमान बढ़ने की अवस्था, fever, feverish passion, agitation, anger, terror

बुजुर्ग (*स पु / वि*) (*P*) – बुजुर्ग , माननीय व्यक्ति, पूर्वज, (संज्ञा), वृद्ध , पूजनीय (विशेषण), old man, elder, forefather,(noun), great, venerable, aged, (adjective) (प्र०- तबैत बुजुर्ग कोंछी –"हाव और पाणि में कैक बस नि चलन")

बुनियैद / बुनैद (*सं. स्त्री*) (*P*) - बुनियाद, नींव, आधार, जड़, मूल, आरंभ, वास्तविकता, foundation, base, basis, ground-work, beginning

बुराद (*सं.पु.*) (*P*) - लकड़ी का चूरा, बुरादा, वह चूर्ण जो लकड़ी चीरने से निकलता है, "लकड़क-बुराद" (लकड़ी का बुरादा), किसी पदार्थ का पिसा हुआ अंश, sawdust, filings, powder

बुर्क (*सं.पु.*) (*A*) - बुरक़ा, नक़ाब, एक बाहरी पहनावा जिससे मुसलमान औरतें अपना पूरा शरीर ढक लेती है, a long veil or gown reaching nearly to the feet which is worn by some Muslim women.

बुर्ज (*सं.पु.*) (*A*) – बुर्ज, क़िला, मीनार, गुंबद, कलश, राशि, bastion, turret, tower, dome

बुलडोजर (*सं.पु.*) (*E*) - बुलडोज़र, एक बड़ा सचल यंत्र जिसकी सहायता से मकान, पेड़, चट्टान आदि को तोड़ा या गिराया जाता है, bulldozer also called dozer is a powerful machine for pushing earth or rocks, used in building, farming, construction and destruction, excavator

बुलबुल (*सं. स्त्री*) (*A*) - एक प्रकार की काली छोटी चिड़िया जिसकी बोली बहुत मधुर होती है, the nightingale, a song bird

बुलाक / बुलाँकि (*सं.पु.*) (*TR*) - बुलाक़, नाक की निचली हड्डी, उस पर पहने जाने वाला आभूषण, वह मोती जिसे स्त्रियां नथ में पहनती हैं, septum of the nose, ring-shaped ornament worn in the septum.

बेइमान (*वि.*) (*P +A*) - बेईमान, जो ईमान-धर्म (मानवता) का विचार न करे, छल-कपट या किसी प्रकार का अनाचार करने वाला, (इस्लाम धर्म के अनुसार वह व्यक्ति जो धर्म के मूलभूत सिद्धांतों में विश्वास न रखता हो अर्थात जो ईमान वाला न हो), dishonest, corrupt, treacherous, infidel, faithless, without religion, untrustworthy

बेइमानि / बेमानि / बेमानि (*सं. स्त्री*) (*P+A*) - बेईमानी, बुरे इरादे से किया जाने वाला काम, बदनीयती, छल-कपट से किया गया काम, dishonesty, untrustworthiness, faithlessness

बेकार (*वि.*) (*P*) - व्यर्थ, निरर्थक, निकम्मा, निठल्ला, बेरोज़गार, (प्र०- बेकार बात झन करिया हो = व्यर्थ की बात मत करो।, जादेतर लोग अच्याल बेकार छन =

अधिकांश लोग आजकल बेरोज़गार हैं), useless, invalid, unoccupied (time), an unemployed person

बेकारी (*सं. स्त्री*) (*P*) – बेरोज़गारी, निरर्थकता,निठल्लापन, unemployment, uselessness

बेकूफ (*वि.*) (*P+A*) - बेवकूफ़, मूर्ख, नासमझ, बुद्धिहीन, foolish, ignorant

बेगार (*सं. स्त्री*) (*P*) - बिना पारिश्रमिक के किया जाने वाला कार्य, बेमन से किया गया काम, मजदूरी दिए बिना ज़बरदस्ती कराया गया काम, unpaid labour (esp. as performed compulsorily for a landowner), one doing unpaid labour

बेचारा (*सं.पु.*) (*वि*) (*P*) - असहाय, दुर्बल, निराश्रय, दीन, without means or recource, helpless, poor, wretched.

बेचैन (*वि*) (*P*) - जिसे चैन न मिलता हो, व्याकुल, परेशान, uneasy, restless, disturbed.

बेचैनी (*सं. स्त्री*) (*P*) - विकलता, व्याकुलता, घबराहट, uneasiness, restlessness

बेजति / बेजती (*सं. स्त्री*) (*P+A*) - बेइज़्ज़ती, अपमान, निंदा, तिरस्कार, dishonour, disgrace, insult

बेदखल (*वि*) (*P+A*) - बेदख़ल, जिसका दख़ल या अधिकार न रह गया हो, अधिकारच्युत (भूमि, संपत्ति), dispossessed, evicted, expropriated (land etc.)

बेदखली (*सं. स्त्री*) (*च्*) - बेदख़ली, भूमि,संपत्ति आदि से दख़ल या कब्ज़े का हटाया जाना या हट जाना, अधिकार में न रहने देने की अवस्था, eviction

बेदाग (*वि.*) (*P*) - बेदाग़, निर्दोष, निरपराध, जिस पर कोई दाग़ या धब्बा न हो, साफ़, निर्मल, निष्कलंक, शुद्ध, spotless, without fault or reproach

बेनाप (*वि*) (*P+H*) - जिसकी नपाई न हुई हो, जिसे नापा न गया हो (भूमि के संबंध में, वह भूमि जो किसी के व्यक्तिगत स्वमित्व में न हो अर्थात सरकारी भूमि), unmeasured, unsurveyed

बेबखत (*वि*) (*P +A*) - बेवक़्त, असमय, अनुपयुक्त अवसर पर, कुसमय, untimely

बेबश (*वि*) (*P +H*) - बेबस, जिसका कोई वश न चले, लाचार, असहाय, पराधीन, असमर्थ, without power or authority, helpless, weak

बेमान - दे० बेइमान

बेमानी - दे० 'बेइमानी / बिमानी'

बैंक (*सं.पु.*) (*E*) - रूपये-पैसे के लेन-देन, ऋण देने और पैसा जमा करने वाली व्यवसायिक संस्था, bank, (प्र० – नैनताल बैंक पिठौड़ागढ़क सबुहैं पुराण बैंक छु =नैनीताल बैंक पिथौरागढ़ का सबसे पुराना बैंक है)

बैंड (*सं.पु.*) (*E*) – बाजों का समूह, संगीत-मंडली, band

बैटरी (*सं. स्त्री*) (*E*) - रासायनिक पदार्थों के योग से बिजली उत्पन्न करने का एक उपकरण टार्च, battery

बैरंग / बेरिंग (*वि.*) (*E*) - बिना डाक टिकट लगी चिट्टी, ऐसा पत्र जिसे प्राप्त करने के लिए प्राप्तकर्ता को अपेक्षित डाक टिकट का दोगुना मूल्य चुकाना पड़े, bearing letter, a letter while received double value of postal stamps required is to be paid by the addressee.

बोचड़ / बूचड़ (सं.पु.) (E) - कसाई, वधिक, माँस विक्रेता, a butcher

बोतल (सं. स्त्री) (E) - काँच का पतली गर्दन वाला पात्र, bottle

ब्यल्च (सं.पु.) (P) - बेलचा, लम्बा खुरपा, एक प्रकार का फावड़ा, small spade, hoe

***

भ

भोट / बोट (सं.पु.) (*E*) - वोट, मत, vote

भोटर / बोटर (स.पु.) (*E*) - मतदाता, voter

***

म

मंजिल (*सं. स्त्री*) (*A*) - मंज़िल, गंतव्य, पड़ाव, मकान का खंड, तल, लक्ष्य, halting place, inn, stage (of journey or progress), goal, destination, storey, floor

मंजिला (*वि*) (*A*) - मंज़िला, मकान के तलों या मंज़िलों की संख्या बताने वाला जैसे द्विमंजिल या दो मंजिल, storeyed (e. g. two-storeyed or three storeyed house)

मंजूर (*वि.*) (*A*) - मंज़ूर, जो मान लिया गया हो, स्वीकार, स्वीकृत, approved of, accepted, sanctioned, granted

मंजूरी (*सं. स्त्री*) (*A*) – मंज़ूरी, स्वीकृति, अनुमति, approval, acceptance, sanction

मंशा / मंसा (*स स्त्री*) (*A*) – मंशा, अभिप्राय, आशय, उद्देश्य, इच्छा, इरादा, चाह, intention, desire

मइ (स पु) (E) - मई, ईस्वी सन का पांचवां महीना, May

मकसत (स पु) (A) - मक़्सद, उद्देश्य, इरादा, अभिप्राय, मतलब, intention, purpose, aim, goal, desire

मकान (सं.पु.) (A) - घर, आवास, भवन, निवास स्थल, place, station, house, dwelling, a flat, apartment

मक्कार (वि.) (A) – धोखा देने वाला, फ़रेबी, दुष्ट, धूर्त, deceitful, crafty, hypocritical, deceiver, a hypocrite

मखमल (सं.पु.) (A) - मख़मल, एक प्रकार का कपड़ा जिसकी ऊपरी परत बहुत ही मुलायम और कोमल होती है, velvet, soft cloth

मखमली (वि.) (A) - मख़मली, मख़मल का बना हुआ, मख़मल सा कोमल और चमकदार, of velvet, velvety

मगज (सं.पु.) (P) - मग़ाज़, दिमाग़, मस्तिष्क, सिर, बुद्धि, गिरी, बीज के अंदर का गूदा, भेजा, brain, pith, pulp, marrow, essential substance (of anything), a pearl of the best quality

मगर (*अव्यय*) (*P*) - मगर, लेकिन, किंतु, परंतु, if not, but, however

मज (*सं.पु.*) (*P*) - मज़ा, स्वाद, लुत्फ़, ज़ायका, आनंद, सुख, हँसी, दिल्लगी, taste, relish, pleasure, enjoyment, contentment, fun, joke, amusement

मजदार (*वि.*) (*P*) - मज़ेदार, ज़ायकेदार, स्वादिष्ट, बढ़िया, सुखदायी, दिलचस्प, मनोरंजक, रोचक, tasty, pleasant, amusing, interesting

मजदूर (*सं.पु.*) (*P*) - मज़दूर, श्रमिक, कल-कारखाने में काम करने वाला व्यक्ति, a labourer, a porter, workman

मजदूरी (*सं. स्त्री*) (*P*) - मज़दूरी, मज़दूर का काम, मज़दूर को काम के बदले दिया जाने वाला पारिश्रमिक, कुलीगिरी, work of a labourer, wages, charge (for work done or for a service)

मजबूत (*वि.*) (*A*) - मज़बूत, दृढ, पुष्ट, पक्का, अटूट, अखंडनीय, टिकाऊ, बलवान, strong, fixed, firm, tight, steady, immovable, firm

मजबूती (*सं स्त्री*) (*A*) - मज़बूती, टिकाऊपन, दृढ़ता, सबलता, शक्ति, साहस, हिम्मत, strength, firmness

मजबूर (*वि.*) (*A*) - मजबूर, विवश, लाचार, असहाय, helpless, having no option, oppressed, compelled

मजबूरी (*सं. स्त्री*) (*A*) - विवशता, लाचारी, बेबसी, असहाय होने की स्थिति, compulsion, helplessness, powerlessness

मजाग (*सं.पु.*) (*A*) - मज़ाक़, परिहास, हँसी, दिल्लगी, उपहास, ठट्टा, a joke, humour, wit, jest, prank, fun, buffoonery

मजाल (*सं. स्त्री*) (*A*) – मजाल, हिम्मत, साहस, क्षमता, सामर्थ्य, शक्ति, strength, power, courage, nerve, right

मजूर (*सं. पु*) (*A*) - मज़दूर, श्रमिक, कामगार, कार्मिक, a labourer, a porter, workman

मजुरि (*सं. स्त्री*) (*P*) - मज़दूरी, किसी काम को करने के बदले मिलने वाली धनराशि, पारिश्रमिक, मज़दूर के द्वारा

किया जाने वाला कार्य, work as a labourer,
bodily labour, wages

मतलब / मल्लप / मल्लब (सं.पु.) (A) – मतलब,
तात्पर्य, अर्थ, किसी पद, वाक्य या शब्द का अर्थ, स्वार्थ,
अपने भले या हित का विचार, अभिप्राय, आशय,
वास्ता, Object, intention, purpose, desire,
meaning, sense, self-interest

मतलबि / मल्लबि (वि) (A) - मतलबी, स्वार्थी,
खुदगरज़, स्वार्थ-परायण, अपना मतलब निकालने वाला,
self-seeking, self-interested, self-
concerned, selfish

मदत / मधत / मदद (सं. स्त्री) (A) – मदद, सहायता,
सहयोग, सहयोग के रूप में दिया गया रूपया-पैसा, दान,
help, aid, support, means of support, relief

मदतगार / मधतगार (वि) (A+P) - मददगार, मदद
करने वाला, सहायक, सहयोगी, पक्षधर, हमदर्द,
helper, assistant, supporter, ally

मदारि (सं.पु.) (A) - मदारी, बंदर, भालू आदि नचाकर
अपनी जीविका चलाने वाला व्यक्ति, जादूगर, कलंदर,
बाज़ीगर, a conjuror, juggler, one who trains
monkeys and bears for dancing.

मध्ये (*विभक्ति*) (A) - मद्दे, विषय में या प्रसंग में, 'मद' अरबी शब्द है जो खाता, शीर्षक आदि के लिए प्रयुक्त है इस मद में = इस शीर्षक / प्रकरण / खाते में, मध्ये नजर=मद्दे नज़र =दृष्टिगत रखते हुए, मद्दे, in the account of

मनसा - दे० - मंसा / मंशा

मंसुब / मनसुब (सं. पु) (A) - मनसूबा, इरादा, विचार, योजना, युक्ति, दिवास्वप्न, जोड़-तोड़, intention, ambition, resolve, plan, scheme

मन्याडर / मनियाडर (स.पु.) (E) – मनीऑर्डर, डाक द्वारा रूपये-पैसे का एक स्थान से दूसरे स्थान को भेजने की सुविधा, धनादेश, money-order

मफलर (सं.पु.) (E) - मफ़लर, एक प्रकार का ऊनी वस्त्र जिसका उपयोग कान और गले को ठण्ड से बचाने के लिए किया जाता है, muffler

मरज (सं.पु.) (A) - मरज़, रोग, बीमारी, व्याधि, बुरी आदत, लत, दुख, a disease, complaint, bad habit, vice, addiction

मरजी (सं. स्त्री) (A) - मरज़ी, इच्छा, कामना, अनुमति, मन को अच्छा लगने का भाव, रूचि, पसंद, pleasure, wish, choice

मरद (सं.पु.) (P) - मर्द, नर, पुरुष, पति (वि.) वीर तथा साहसी, a man, a male, a husband, a brave man, hero

मरमत / मरम्मत (सं. स्त्री) (A) – मरम्मत, टूटा-फूटा ठीक करने का काम, सुधार, ला0 अर्थ, मार, आघात, पिटाई, दंड, repairing, repair, beating.

मरीज (सं.पु.) (A) - मरीज़, रोगी, बीमार, अस्वस्थ, a sick person, patient

मलम (सं.पु.) (A) - मरहम, औषधियों का वह गाढ़ा और चिकना लेप जो घाव भरने के लिये लगाया जाता है, घाव में लगाई जानें वाली दवा, मलहम, an ointment, dressing, bandage, plaster

मलाल (सं.पु.) (A) - खेद, रंज, दुख, पश्चाताप, मानसिक संताप, dejection, depression, grief, vexation

मवाद (सं. पु.) (A) - ज़ख़्म / घाव से निकलने वाला पीब, पस, फोड़े या घाव से निकलने वाला सफेद लसदार पदार्थ, pus, purulent matter

मशकत (स स्त्री) (A) - मशक़्क़त, कड़ी- मेहनत, कठोर श्रम, परिश्रम, कष्ट, labour, toil, hard labour, distress

मशाल (स स्त्री) (A) - एक प्रकार की मोटी बत्ती जो लकड़ी पर मिट्टीतेल से भीगे कपड़े को लपेटकर बनाई जाती है और रोशनी के लिए जलाई जाती है ला० अर्थ में विरोध, क्रांति, पथप्रदर्शक, a torch

मशीन (स स्त्री) (E) - एक प्रकार का यंत्र, कल, इंजन, machine, an apparatus

मसकबीन (स स्त्री) (P) - मशकबीन, मशक फ़ारसी शब्द है जिसका अर्थ है बकरी या भेड़ के चमड़े से बनी थैली जिससे भिश्ती पानी भरते हैं, इस प्रकार की चमड़े की थैली (मशक) में मुंह से हवा भरकर इससे जुड़ी बीन को बजाने वाला वाद्य यंत्र, फूंक कर बजाया जाने वाला बाजा, bagpipe

मश्याल / मस्याल (स पु.) (A) - मसाला, कुछ खाद्य और पेय पदार्थों को स्वादिष्ट, गुणकारी आदि बनाने के लिए उसमें डाला जाने वाला किसी वनस्पति का कोई

भाग, जैसे जीरा, हल्दी, धनिया आदि, सीमेंट, रेता आदि में पानी मिलाकर तैयार किया गया मसाला, spices, seasoning, ingredients, materials, raw material

मसौद (स पु) (A) - मसौदा, लेख आदि का प्रारंभिक रूप, जिसमें आवश्यक काट-छाँट की जा सकती हो, प्रारूप, प्रस्तावित योजना, draft (as of a letter, report), proposed scheme, project

मस्त (वि) (P) - बहुत, प्रचुर, मद या नशे में चूर, मतवाला, मनमौजी, लापरवाह, बेफिक्र, आनंदित, आसक्त, मोहित, plenty, abundance, intoxicated, passionate, lustful, delighted.

महज (अव्यय) (A) - महज़, केवल, सिर्फ, मात्र, निरा, विशुद्ध, खाँटी, सरासर, pure, unmixed, only, merely, simply, nothing but

महल (स.पु.) (A) - राजाओं, रईसों आदि का आवास, भवन, राजप्रासाद, अट्टालिका, हवेली, palace, mansion

महवार (वि.) (P) - माहवार, महीने-महीने, हर महीने, मासिक, प्रतिमास मिलने वाली मज़दूरी, वेतन, किराया आदि, monthly, per month, monthly wage, the revenue collected in a month, wages, salary or rent

महवारी / महवारि (*स. स्त्री*) (*A*) - माहवारी, हर महीने, मासिक धर्म, monthly, per month, menstruation

महारत (*स स्त्री*) (*A*)- दक्षता, निपुणता, योग्यता, skill, expertness, experience

माजरा (*स पु*) (*A*) - मामला, बात, घटना, विषय (प्र०-ओहो, तो य छ माजरा = अच्छा तो यह मामला है), event, occurrence, state, condition

मातबर (*वि.*) (*A*) – मोतबर, विश्वसनीय, विश्वस्त, विश्वास करने योग्य, (इन्हे रूपये दे दीजिए, ये मातबर आदमी हैं), reliable, trustworthy, authentic (as information)

माफ (*स पु*) (*A*) - माफ़, मुआफ़, क्षमा, दोषमुक्ति, forgiven, excused (as an offence), excused, spared (as an obligation), exempted (from as fee, rent etc.)

माफक (*वि*) (*A*) - माफ़िक, अनुकूल, अनुसार, समान, उपयुक्त, agreeing, suitable, favourable, in accordance with

माफी (*स स्त्री*) (*A*) - माफ़ी, माफ़ करने की क्रिया या भाव, क्षमा, मुआफ़ी, भूमि जिसका कर माफ़ हो, forgiveness, exemption (from an obligation), remission (of fees, rent), rent-free land.

मामली (*वि.*) (*A*) - मामूली, साधारण, सामान्य, महत्वहीन, मध्यम स्तरीय, ordinary, customary, ordinary (of standard, quality or rank), average

मामुल / मामिला (*स.पु.*) (*A*) - मामला, आपस में होने वाला काम, व्यापार या व्यवहार, बात, घटना, झगड़ा, विषय, संबंध, लेन-देन, काम, an affair, matter, concern, dealings, case, suit (in law)

मारचीस / मारचिस (*स.स्त्री*) (*E*) - माचिस, दीयासलाई, safety matches, a matchbox, matchstick

मारकीन (*स पु*) (*E*) - एक साधारण प्रकार का सूती कपड़ा, मोटा कोरा कपड़ा, एक प्रकार का मोटा कोरा

कपड़ा जो प्रायः गरीबों के पहनने के काम में आता है (अंग्रेज़ी - नैनकीन) (Nankeen), a durable machine-woven cotton cloth

मारफत (*अव्यय*) (*A*) - मारफ़त, के द्वारा, जरिए से, सौजन्य से, माध्यम से, care of, through, by means (of)

माल (*स पु.*) (*A*) - धन संपत्ति, रूपया-पैसा, उत्पाद, सामान, मूल्यवान वस्तु, क्रय-विक्रय का सामान, wealth, property, possessions,

मालक / मालख (*स पु*) (*A*) - मालिक, स्वामी, अधिपति, पति, सम्पत्ति का स्वामी, ईश्वर, possessor, master, owner, husband, lord, God

मालगुजारी (*स स्त्री*) (*A+P*) - मालगुज़ारी, भूमिकर, लगान, भूराजस्व, माल-गुज़ार होने की अवस्था या भाव, tax, land revenue

मालदार (*वि*) (*A*) - जिसके पास बहुत सारा माल या धन-संपत्ति हो, धनी, धनवान, अमीर, wealthy, a wealthy person, rich, opulent

मालम (*वि*) (*A*) - मालूम, ज्ञात, विदित, प्रकट, स्पष्ट, जाना हुआ, known, evident, apparent

मालिश (*सं. स्त्री*) (*P*) - शरीर पर हाथों से तेल लगाने की क्रिया, चंपी, मर्दन, rubbing, (as of oil on the body), massage

मास्टर / मास्साब / मासेप (*सं.पु.*) (*E*) - अध्यापक, शिक्षक, दर्ज़ी, डाक, बैंड आदि के लिए भी प्रयुक्त है जैसे टैलरमास्टर, पोस्ट-मास्टर, बैंड-मास्टर , master, a male teacher, a person who has great skill at doing something.

माहिर (*स पु / वि*) (*A*) –किसी काम में विशिष्ट योग्यता प्राप्त व्यक्ति, दक्ष, निपुण, an expert in something, skillful, expert (प्र० उ हर काम में माहिर छ = वह हर कार्य में निपुण है)

मिजाज / मिजात (*सं.पु.*) (*A*) - मिज़ाज, स्वभाव, हालचाल, कुशलमंगल, मनः स्थिति, दिल, तबियत, nature, temperament, mood, temper, humour, health, haughtiness

मिनट / मिलट (*सं.पु.*) (*E*) - मिनिट, मिनट, घंटे का साठवां भाग, साठ सेंकड, minute, sixty seconds, a very short time, moment

मिनार (स स्त्री) (A) मीनार ,लाट , मस्जिद के ऊँचे स्तम्भ, minaret , tall tower (प्र०- ताजमहल में चार ठुलि मिनार छन = ताजमहल में चार बड़ी मीनारें हैं)

मियाद (सं. स्त्री) (A) - मीयाद, मियाद, मीआद, किसी कार्य की समाप्ति आदि के लिए नियत किया गया समय, या अवधि, कालावधि, सजा की अवधि, fixed term, period, term of imprisonment

मियान (सं.पु.) (P) - म्यान, तलवार रखने का खोल या गिलाफ़, खड्गकोष, scabbard, sheath

मिर्जइ (सं. स्त्री) (P) - मिरज़ई, कमर तक पहनने वाला एक तरह का वस्त्र, मिर्जा लोगों द्वारा प्रयुक्त कमर तक पहने जाने वाला बन्ददार अंगरखा, a short jacket of wool, cotton or muslin usually without sleep

मिसल (वि.) (सं. स्त्री) (A) - मिसल, मिसिल, नत्थी, फ़ाइल, किसी एक विषय या मुक़दमें से संबंध रखने वाले कुछ कागज-पत्रों का समूह, समान, सदृश, the papers on a particular case, a file, adjective - like, resembling, alike.

मिसाल (सं. स्त्री) (A) - मिसाल, उदाहरण, आदर्श, कहावत, लोकोक्ति, प्रतिमान, हवाला, दृष्टांत, उपमा,

likeness, simile, comparison, example, precedent, a saying, proverb

मिस्त्रि (*सं.पु.*) (*PRT/ SPN*) - मिस्त्री, कुशल कारीगर, यंत्रो आदि की मरम्मत करने वाला व्यक्ति, प्राचीन मिस्र का एक पदाधिकारी शिल्पी जिसे स्पेन / पुर्तगाल में मिस्त्री (Mestre) और भारत में राज या राजमिस्त्री कहा जाने लगा, a skilled workman, mason, mechanic, artisan, craftsman

मिहनत (*सं. स्त्री*) (*P*) - मेहनत, श्रम, परिश्रम, प्रयास, उद्योग, labour, work, toil, industry, hard work, (A -mihna / P - mehnat)

मिहमान (*सं.पु.*) (*P*) - मेहमान, अथिति, पाहुना, आमंत्रित जन, a guest, an invited person

मिहर (*सं. स्त्री*) (*P*) - मेहर, दया, कृपा, करूणा, प्रेम, kindness, compassion, benevolence, murcy

मिहरबान (*वि*) (*P*) - मेहरबान, कृपालु, दयालु, दयावान, kind, benevolent, compassionate, murciful

मिहरबानी / मिहरबानि (सं. स्त्री) (P) - मेहरबानी, कृपा, दया, उपकार, अनुग्रह, kindness, murcy, benevolence

मिटिंग / मीटिंग (सं. स्त्री) (E) - बैठक, सभा, अधिवेशन, भेंट, मुलाक़ात, meeting

मीटर (सं.पु.) (E) - मापक, नापने वाला यंत्र, दूरी या लंबाई नापने की एक आधारिक इकाई जो 100 सेमी या 39.37 इंच के बराबर होती है, meter

मीम (सं. स्त्री) (E) (अंग्रेज़ी शब्द मेडम का संक्षिप्त रूप मेम / मीम) - मेम, गोरांग योरोपीय महिला, किसी महिला को संबोधित करने के लिए आदरसूचक शब्द, madam

मीमसैप (सं. स्त्री) (E) - मेमसाहब, मेमसाहिबा, प्रतिष्ठित महिलाओं के लिए शिष्ट संबोधन, madam

मील / मैल (सं.पु.) (E) - दूरी की एक नाप जो 1760 गज़ के बराबर होती है, mile

मुंशि (सं.पु.) (A) - मुंशी, पंडित, विद्वान, बही-खाता लिखने वाला व्यक्ति, लिपिक, वकील का सहायक, पेशकार, a writer, a clerk, a teacher, tutor, title of respect to an educated man

मुंसरिम (सं. पु) (A) - प्रबंधक, व्यवस्थापक, प्रशासक, प्रधान लिपिक (न्यायालय में), manager, administrator, head clerk (as of a court)

मुंसिप (वि. एवं सं.पु.) (A) - मुंसिफ़, न्यायशील, न्यायप्रिय, (सं) न्याय करने वाला व्यक्ति, न्यायाधीश, न्याय विभाग का एक अधिकारी जिसका पद सब-जज से छोटा होता है, just, fair, a subordinate judge, an arbitrator.

मुकरण / मुकरन (क्रि) (A) - अपनी कही हुई बात से हट जाना, इंकार करना, नटना, अपने वचन का पालन न करना, to go back on one's word, to refuse to admit something, to deny.

मुकरदम / मुकर्दम (सं.पु.) (A) - मुक़दमा (मुक़द्दमा), वाद, अदालत में गया हुआ मामला, अभियोग, दावा, कुमाऊँ में मुकरर भी मुक़दमा के अर्थ में प्रयुक्त है, a lawsuit, case, proceedings, prosecution

मुकाम (सं.पु.) (A) - मुक़ाम, ठहरने का स्थान, पड़ाव (यात्रा में), टिकना, ठहराव, पता-ठिकाना, निवास स्थान, घर, staying, stopping-place, halt, place of residence, dwelling.

मुखातिब (वि) (A) – अभिमुख, संबोधित, conversing with, addressing (प्र० – "अकबरल बीरबल उज्याणि मुखातिब है बेर पूछौ", "य मामिल में तुमर के राय छु")

मुताबिक (*वि एवं अव्यय*) - मुताबिक़, अनुसार, समान, अनुकूल, सदृश, अनुरूप, (Adj.) conformable, corresponding (to), similar (to), (ppn) in accordance (with), according (to)

मुद्द (*सं.पु.*) (A) - मुद्दा, अभिप्राय, मतलब, आशय, प्रसंग, विषय, इच्छा, दावा, object, intention, wish, issue, matter (of discussion), point, question, something asserted, claimed

मुनाफ़ (*सं.पु.*) (A) - मुनाफ़ा, लाभ, फ़ायदा, नफ़ा, profits, gains, benefits

मुनाशिप / मुनासिप (*वि*) (A) - मुनासिब, उचित, वाजिब, ठीक, उपयुक्त, योग्य, suitable, proper, appropriate, right

मुनीम (*सं.पु.*) (A) - हिसाब-किताब लिखने वाला कर्मचारी, मुनीब, आय-व्यय का हिसाब रखने वाला, agent, accountant, bookkeeper

मुफत (*वि.*) (*A*) - मुफ़्त, जिसमें कुछ मूल्य न लगे, निःशुल्क, बिना प्रयास के या बिना दाम चुकाए मिला हुआ सामान, व्यर्थ का, निरर्थक, (क० - मुफ्तौ खवइया, मैं और मेरा भइया = बिना परिश्रम किए लाभ प्राप्त करने वाले) free, at no cost, free of cost, not paid for, in vain, uselessly

मुफतखोर (*वि.*) (*A*) - मुफ़्तख़ोर, बिना परिश्रम दूसरे की कमाई मुफ़्त में खाने वाला, वह व्यक्ति जो दूसरों के धन पर सुखभोग करे, one who eats for nothing, a sponger, parasite.

मुयान (*सं.पु.*) (*A*) - मुआयना, निरीक्षण, पर्यवेक्षण, जांच-पड़ताल, inspection, examination

मुरदा / मुर्द (*वि.*) (*P*) - मुर्दा, मृत, मरा हुआ, बेजान, निर्बल, शव, dead, a dead body, lifeless

मुरदार (*वि.*) (*P*) - मृत, बेजान, अपवित्र, निर्बल, बलहीन (सं. पु) लाश, शव, a corpse, a carcass, dead, unfeeling

मुरब्ब (*सं.पु.*) (*A*) - मुरब्बा, चाशनी में पकाया हुआ फलों आदि का पाक जैसे आँवले का मुरब्बा, preserved fruit jam,

मुराद (*सं. स्त्री*) (*A*) - इच्छा, अभिलाषा, आकांक्षा, मनौती, मन्नत, (प्र०- मनैकि मुराद वीकि पूरी हैई गेछा =उसके मन की इच्छा पूरी हो गई), something desired, cherished wish, a boon, intention, object

मुरोबत (*सं. स्त्री*) (*A*) - मुरौवत, मुरव्वत, उदारता, लिहाज़, सज्जनता, भलमनसाहत, इनसानियत, kindness, courtesy, generosity, humanity

मुर्ग (*सं. स्त्री*) (*P*) - मुरग़ा, कुक्कुट, एक वन पक्षी, a cock

मुर्द (*वि.*) (*P*) - मुर्दा, मरा हुआ, मृत, मृत के समान, शव, dead, a dead body,

मुलजिम (*वि.*) (*A*) - मुलज़िम, जिस पर ज़ुल्म या अपराध करने का आरोप हो, आरोपी, अभियुक्त, the accused

मुलाकात (*सं. स्त्री*) (*A*) - मुलाक़ात, भेंट, एक दूसरे से मिलना, परिचय, जान-पहचान, मेल-मिलाप, साक्षात्कार, meeting, a meeting, interview, visit, introduction, acquaintanceship

मुलुक (सं. पु) (A) - मुल्क, देश, वतन, राष्ट्र, क्षेत्र, जन्मस्थली, प्रदेश, धरती, (प्र०-"आपण मुलुक भल जाँ आपणि थात, भटका डुबुक भला मादिरक भात - शिवदत्त सती), country, region, home, territory

मुलैज (सं.पु.) (A) - मुलाहज़ा, मुलाहिज़ा, निरीक्षण, देखभाल, मुरव्वत, रिआयत, लिहाज़, संकोच, (क०- मुलैजे मुलैज जिठाणै ज्वे = परिस्थिति से विवश होकर अपनी इच्छा के विरुद्ध कोई कार्य करना) attention, regard (to or for a person), favour, inspection, examination

मुलैम (वि.) (A) - मुलायम, नरम, कोमल, नम्र, विनम्र, नाज़ुक, soft, tender, delicate, mild, weak, humble

मुश्कल / मुश्किल (सं. स्त्री) (A) - कठिनाई, परेशानी, मुसीबत, विपत्ति, वि. के रूप में कठिन, दुश्कर, जटिल, पेचीदा, (प्र०- यो काम त भौते मुश्कल छ = यह तो बड़ा ही कठिन कार्य है), difficulty, trouble, hardship, perplexity, as an adjective - difficult, distressing, doubtful

मुसइ / मुसलि / मुशइ / मुशल्या / मुशवबाण (सं. पु.) (A) - मुसलमान, इस्लाम धर्म को मानने वाला व्यक्ति,

मुस्लिम, (सभी शब्द 'मुसलमान' के सरलीकृत /
परिवर्तित रूप हैं), Mohameden, follower of
Islam, a Muslim

मुसाफिर (सं.पु.) (A) – मुसाफ़िर , राहगीर, यात्री,
पथिक, traveller, a passenger

मुसीबत (स.स्त्री) (A) - तकलीफ़, कष्ट, दुख, विपत्ति,
संकट, आफ़त, a misfortune, a disaster,
trouble, adversity

मुहताज (वि.) (A) - ज़रूरतमंद, अभाव-ग्रस्त, आश्रित,
इच्छुक, ग़रीब, चाह रखने वाला, in want, a needy,
a pauper, a beggar, a handicapped person,
a cripple

मुहपत /मुफत (वि.) (A) - मुफ़्त, निःशुल्क, बिना दाम
का, free of cost, at no cost, free

मुहर (सं. स्त्री) (P) - छाप, प्रतीक, निशान,
आधिकारिकता सूचक विशेष प्रतीक का ठप्पा या छाप,
a seal, stamp, impression

मुहलत (सं. स्त्री) (A) – मोहलत, छुट्टी, फुर्सत,
अवकाश, अवसर, कार्य विशेष के लिए मिलने वाला
समय, देरी, a delay, deferment granted for an

appointed period, extension (as of time to pay), time, leisure.

मूम (*सं.पु.*) (*P*) – मोम, शहद की माक्खियों के छत्ते से प्राप्त एक नरम पदार्थ, wax

मूमबत्ति (*स.स्त्री*) (*P*) – मोमबत्ती, मोम आदि से निर्मित बत्ती जो रोशनी के लिए जलाई जाती है, wax candle

मेख (*स.स्त्री*) (*P*) - मेख़, कीला, कील, काँटा, खूंटा, खूंटी, (प्र०-मेख़ मारण = मेख़ मारना, काम मे रूकावट पैदा करना), a peg, pin, nail, stake, as verb - to block, to thwart, to spoil (a plan)

मेज (*सं. स्त्री*) (*P*) - मेज़, लकड़ी की बनी ऊँची चौकी जिस पर कागज-किताब आदि रखकर लिखते-पढ़ते हैं, a table

मैच (*सं.पु.*) (*E*) - वह खेल-प्रतियोगिता जिसमें दो या कई प्रतियोगी या दल भाग लेते हैं, मुक़ाबला, खेल, match

मैद (*स पु*) (*P*) - मैदा, बहुत बारीक अथवा महीन पिसा हुआ आटा, fine flour

मैदान (सं.पु.) (*P*) - वह समतल विस्तृत भूमि जहाँ खेल खेला जाता है, सपाट भूमि, flat, open field, open area, playing field, race-ground

मैफल / मेफिल (सं. स्त्री) (*A*) - महफ़िल, सभा, समाज, जलसा, गोष्ठी, नृत्य-सभा, assembly, gathering, an entertainment with music and dancing

मोटर (सं. स्त्री) (*E*) – मोटर गाड़ी, इंजन की शक्ति से चलने वाला वाहन, यात्री वाहन, van, vehicle, bus

मोबाइल (स पु) (*E*) हर जगह ले जा सकने वाला टेलीफ़ोन अर्थात मोबाईल फोन जिसे संक्षेप में मोबाईल कहा जाता है, mobile, (प्र० -गौं में मोबाइल क टावर नि छी , रिचारजकि दुकान लै नि छी = गाँव में मोबाईल टावर नहीं था, रिचार्ज करने की दुकान भी नहीं थी)

मौक (सं.पु.) (*A*) - मौक़ा, अवसर, समय, ठीक समय, जगह, स्थान, देश, घटना-स्थल, (प्र०- मौक लागण = उचित अवसर प्राप्त होना), site of any occurence, an incident, fit place or time, opportunity, occasion

मौज *(सं. स्त्री)* *(A)* - आनंद, खुशी, तरंग, लहर, उमंग, surge (of emotion), ecstasy, delight

मौजा *(सं.पु.)* *(A)* – मौज़ा, जगह, स्थान, खेत, गाँव, रखने का स्थान, place, site, village

मौजूद *(वि.)* *(A)* - उपस्थित, हाज़िर, सामने खड़ा, स्थित, विद्यमान, उपलब्ध, तैयार, प्रस्तुत, वर्तमान, present, at hand, ready, available, existent

मौत *(सं. स्त्री)* *(A)* - देहांत, मृत्यु, (ला.अ.) घोर संकट, (क०- मौत में एक दुख, सौत में सौ दुख = हमेशा के दुखों से एक बार बड़ा दुख अच्छा है), death, mortality

मौरूसी *(वि.)* *(A+P)* *(मोरूस + ई)* - पैतृक धन, बाप दादा के ज़माने से चला आया धन, पैतृक सम्पत्ति, inherited, hereditary, ancestral.

मौसम *(सं. पु)* *(A)* - काल, समय, ऋतु, time, season (of the year), the weather, appropriate time, season of something

म्यव (सं. पु.) (P) - मेवा, सूखा फल, फल, किशमिश, काजू, बादाम, अखरोट आदि सूखे फल, fruit, especially dry fruit

म्याद - दे० - मियाद

***

य

यकायकि (*क्रि.वि.*) (*P*) - यकायक, यकबयक, अचानक, अकस्मात, suddenly

यकीन (*सं.पु.*) (*A*) - यक़ीन, ऐतबार, विश्वास, भरोसा, धारणा, प्रतीति, सोच, certainty, confidence, coviction

याद (*सं. स्त्री*) (*P*) - स्मृति, स्मरण, स्मरण करने की क्रिया, memory, recollection

यादगार / यादगारि (*सं. स्त्री*) (*P*) - स्मृति चिहन, स्मारक, anything memorable, a monument

याददाश / याददास (*सं. स्त्री*) (*P*) – याददाश्त, स्मरण, स्मृति, स्मरण शक्ति, स्मरण रखने के लिए लिखी हुई कोई बात, memory, a memorandum

यानि / यानी (*अव्यय*) (*A*) - यानी, अर्थात, मतलब यह कि, तात्पर्य यह है कि, it meant, that is, i.e., meaning thereby.

यार (*सं.पु.*) (*P*) - यार, दोस्त, मित्र, सखा, जो संकट में साथ दे, (क०- यार हराण जार फौरांण = अपनो को छोड़ ग़ैरों को शरण देना या लाभ पहुँचाना) friend, lover, companion

यारबास (*सं.पु.*) (*P*) - यारबाश, यार-दोस्त, मैत्री वाला व्यक्ति, सबसे दोस्ती करने वाला, sociable, friendly

यारबासी (*सं. स्त्री*) (*P*) - यारबाशी, मित्रता, दोस्ती, मैत्री, friendship

यारा़न / याराना (*सं.पु.*) (*P*) – याराना, दोस्ती, मैत्री, मित्र का सा, मित्रता का, अनुचित संबंध (स्त्री-पुरूष का), (प्र०- 'उनर यारान छ' =उनकी मित्रता है), friendship, friendliness

यारी (*सं. स्त्री*) (*P*) - मित्रता, दोस्ती स्त्री-पुरूष में सामाजिक दृष्टि से अमान्य संबंध, (क०- यारी में ख्वारी करण = मित्रता में विश्वासघात करना), friendship, romantic intimacy, illicit love or relationship

र

रंग (सं.पु.) (P) - वर्ण जैसे लाल, हरा, नीला आदि, आनंद, उल्लास, दशा, दृष्टिकोण, अभिव्यक्ति, ढंग, शैली, वातावरण, (प्र०- रंग ऊण = ख़ुशी या रौनक़ आना // रंग चढ़ण = प्रभावित होना) colour, paint, dye, pigment, complexion, beauty, aspect, appearance, expression (facial), mood, atmosphere

रंगत (स स्त्री) (P) आनंद ,चहल-पहल, रौनक़, (प्र०- रंगत ए जैंछ जब डहौ पड़ी गाड़मा- हीरा सिंह राणा), colouring, tint, shade, complexion,good mood, pleasure

रंगरूट (सं.पु.) (E) - पुलिस, सेना में भर्ती हुआ नया व्यक्ति, सिपाही, नौसिखिया, अनुभवहीन, किसी काम में पहले पहल हाथ डालने वाला व्यक्ति, recruit

रंगीन (वि) (P) - रंगा हुआ, विलासप्रिय, विलासी, मनोरंजक, मज़ेदार, (रंगिल चंगिल =रंग-बिरंगा),

coloured, painted, multicoloured, showy, adorned, interesting, pleasure-loving

रंज (*सं.पु.*) (*P*) - दुख, कष्ट, शोक, मनमुटाव, खेद, व्यथा, grief, suffering, distress, displeasure, annoyance, anger, disgust

रंजिश (*सं. स्त्री*) (*P*) - शत्रुता, वैर, वैमनस्य, नाराज़गी, animus, animosity, rancour, ill-feeling

रंद (*सं.पु.*) (*P*) - रंदा, बढई का एक औज़ार जिससे लकड़ी की सतह छीलकर चिकनी की जाती है, a carpenter's plane, plane, a rasp, grater

रईस (*सं.पु.*) (*A*) - जिसके पास रियासत हो, ताल्लुकेदार, धनी, अमीर, बड़ा आदमी, a person of rank or status, a substantial landowner, a noble man, a gentleman, rich, wealthy

रकबा (*सं.पु.*) (*A*) - रक़बा, भूमि आदि का क्षेत्रफल, लंबाई और चौड़ाई का गुणनफल, अहाता, घिरी हुई ज़मीन, घेरा, enclosed space or area, area, extent

रकम (*सं. स्त्री*) (*A*) - रक़म, धन, धनराशि, संपत्ति, दौलत, मूल्यवान वस्तु, गहना, ज़ेवर, मालगुज़ारी या

लगान की दर, mark (as of price), notation of numerals in Perso-Arabic script, an amount, sum, a valuable possession or article, entry

रग (सं. स्त्री) (P) - नस, नाड़ी, तार, तागा, हठ, ज़िद, बुरी आदत, (प्र०- रग करण, रगिल हुंण = ज़िद करना,ज़िद्दी होना // रग-रग जाणण = किसी के आंतरिक स्वभाव या चरित्र को अच्छी तरह समझना), a blood vessel, artery, vein, inner nature, character, obstinacy

रजांइ / रजैं (सं. स्त्री) (P) - रज़ाई, रंगीन कपड़े की रूईदार दुलाई, छोटा लिहाफ़, रूईदार ओढ़ना, a quilted blanket, a quilt

रजामंदि / रजोबंदी (सं. स्त्री) (A) - रज़ामंदी, रज़ामंद होने की अवस्था या भाव, राज़ी-खुशी, सहमति, स्वीकृति, मंज़ूरी, consent, permission, will, wish, agreement.

रजिस्टर (सं.पु.) (E) - पंजिका, पंजी, आय-व्यय आदि लिखने की बही, बड़ी और दफ़्तीदार कापी / पुस्तिका, a register

रजिस्ट्री / रजिस्टरी *(स.स्त्री)* *(E)* - पंजीकरण, पंजीयन, निबंधन, डाक से पत्र भेजने का एक ढंग, जमीन-जायदाद को क्रय-विक्रय करने हेतु अदालती दस्तावेज़, registration (of mail), registration (of document)

रद्द *(सं.पु.)* *(A)* - फेर देना, ग़लत साबित करना, झुठलाना, (वि.) ख़राब, निरस्त, बेकार ठहराया हुआ, परिवर्तित, returning, rejecting, rejected, refused, cancelled.

रद्द *(सं.पु.)* *(P)* - रद्दा, स्तर, खंड, तह, पत्थर या ईंट की चिनाई की एक पंक्ति, layer, course (of bricks), stratum (in the building up of an earthen wall), a series of rows or layers of objects, forming a pile

रद्दी / रद्दि *(स.स्त्री)* *(A)* - पुराने और बेकार काग़ज़ या अन्य निष्प्रोज्य वस्तुएं, (वि.) बेकार वस्तुएं, निकम्मा, नाकामयाब, waste (as paper, scrap), (adj.- unwanted, waste, worthless, bad, harmful

रपोट *(स.स्त्री)* *(E)* - शिकायत, रपट, रिपोर्ट, report

रप्तार / रफ्तार (*स.स्त्री*) (*P*) - रफ़्तार, वेग, गति, चाल, going, motion, gait, pace, speed, manner of proceeding, behaviour.

रफ (*वि*) (*E*) - रफ़, कच्चा (कार्य), जो नमूने के लिए बनाया गया हो या जिसमें चिकनापन न हो, खुरदुरा, rough

रफु (*सं.पु.*) (*P*) - रफ़ू, एक प्रकार की सिलाई जिसमें बीच से कटा या फटा हुआ कपड़ा इस प्रकार बीच में सूत भरकर मिलाया जाता है कि साधारणतः जोड़ नहीं दिखाई पड़ता, darning, mending

रफुगर (*सं.पु.*) (*P*) - रफ़ू करने वाला, darner

रबड़ (*सं.पु.*) (*E*) - रबर, वट वर्ग के अंतर्गत आने वाला एक प्रकार का वृक्ष, इस वृक्ष से निकलने वाले दूध को सुखा कर बनाया जाने वाला एक पदार्थ जिससे गेंद, टायर, फ़ीते जैसी बहुत सी चीज़े बनती हैं, rubber

रम (*सं.पु.*) (*E*) - एक प्रकार की शराब, a kind of wine

रवैइ (*सं.पु.*) (*P*) - रवैया, चलन, प्रथा, तरीक़ा, रंग-ढंग, कार्यपद्धति का ढंग, चाल-चलन, behaviour, conduct, manner, attitude, rule, law

रसम / रशम (सं.पु.) (A) - रस्म, प्रथा, परंपरा, चलन, रीति, परिपाटी, marking out, manner, custom, tradition, a customary practice, usage, a ceremony

रस्त (सं.पु.) (P) - रास्ता, पथ, राह, मार्ग, उपाय, लक्ष्य, road, street, lane, way, manner

रसीद / रशीद (स.स्त्री) (P) - पावती पत्र, प्राप्ति, किसी चीज़ के मिलने का प्रमाण पत्र, प्राप्ति की सूचना, प्राप्ति-पत्र, receipt of something, a receipt, acknowledgement of receipt

रसीदि / रशिदि (वि) (P) - रसीदी, रसीद संबंधी, जैसे रसीदी टिकट, pertaining to a receipt.

रहम (सं.पु.) (A) - दया, करूणा, कृपा, अनुकंपा, अनुग्रह, pity, compassion, kindness, tenderness

रहीस (सं.पु.) (A) - दे॰ - रईस

रहीसी (स.स्त्री) (A) - धनवान होने का भाव या अवस्था, रईसी, अमीरी, state of being rich or wealthy.

राजि (*वि*) (*A*) - राज़ी, तैयार, सहमत, खुश, खुशी, प्रसन्न, सुखी, कुशल, मर्ज़ी , रज़ामंदी, (प्र०- 'राजि करण' = मनाना, अपने पक्ष में करना, 'राजिरण'=खुश रहना), pleased, content, happy, regarding with favour, approving, persuasion, satisfaction

राजिनाम़ / राजिनामा / राजीनामा (*सं.पु.*) (*A+P*) - राज़ीनामा, सुलहनामा, समझौता, सहमति, agreement, compromise

राय (*सं स्त्री*) (*A*) - सुझाव, सलाह, मत, परामर्श, सम्मति, विचार, opinion, advice, judgment, an individual vote (in an election)

राशन / रासन (*सं.पु.*) (*E*) - खाद्य पदार्थ, राशन, रसद, सेना या सिपाही आदि की खुराक, सरकार द्वारा निर्धारित / उचित मूल्य पर ग़रीब जनता को दी जाने वाली खाद्य-सामाग्री, ration

राशनकाड / रासनकाड (*सं.पु.*) (*E*) - राशनकार्ड, वह कार्ड या पुस्तिका जिसमें उपभोक्ता के व्यक्तिगत विवरण के साथ वितरित किए गए अनाज आदि का उल्लेख होता है, ration-card

रिकाड / रिकौड (सं.पु.) (E) - रिकार्ड, अभिलेख, किसी घटना आदि का पूर्ण लिखित विवरण, दस्तावेज, खेलों के उच्चमम कीर्ति मान, सुरक्षित विवरण, record

रिकाब (सं.पु.) (A) - रकाब, घोड़ों की काठी का पावदान, एक प्रकार का प्याला, जीन पर से लटकता हुआ लोहे का वलय जिस पर सवार पाँव रखते हैं, a stirrup

रिकाबी (स स्त्री) (P) - रकाबी, गोल छोटी थाली, तश्तरी, a dish, plate, bowl

रिजगारि (स स्त्री) (P) - रेज़गारी, छुट्टे पैसे, छोटे सिक्के, coins, change

रिजल्ट (सं.पु.) (E) - रिज़ल्ट, फल, नतीजा, परिणाम, परीक्षाफल, result

रियासत (स.स्त्री) (A) - मिल्कियत, सम्पत्ति, शासन, हुकूमत, उपराज्य, भारतीय राजे-रजवाड़े, नवाब, सामंत, जागीरदार आदि द्वारा शासित प्रदेश या राज्य, a state, an Indian princely state

रियैत (स.स्त्री) (A) - रिआयत, विचार, ख़याल, राहत, नरमी, कोमल, दयापूर्ण व्यवहार, लिहाज़, favour, partiality, kindness, care, regard, leniency, rebate, concession

रिवाज *(सं.पु.)* *(A)* - परंपरा, प्रथा, रीति, रस्म, दस्तूर, चलन, परिपाटी, *(प्र०- य त्यारक मणूनक यां रिवाज छु=* इस उत्सव को मनाने की यहाँ परंपरा है, this festival is customary here), custom, practice, tradition

रिस्त / रिश्त *(सं.पु.)* *(P)* - संबंध, नाता, रिश्ता, connection, relationship

रिश्तदार *(सं.पु.)* *(P)* - रिश्तेदार, संबंधी, नातेदार, relative

रिश्वत *(स.स्त्री)* *(A)* - किसी कार्य को अपने अनुकूल कराने के लिए अनुचित रीति से दिया गया धन आदि, घूस, उत्कोच, a bribe

रिहा *(वि)* *(P)* - बाधा या बंधन से मुक्त, जिसे क़ैद से छुट्टी मिल गई हो, released, set free.

रुक्क *(सं.पु.)* *(A)* - रुक्का, छोटी चिट्ठी या पत्र, पुरजा, कर्ज़ लेने वालों की ओर से महाजन को लिखा हुआ काग़ज़, हुंडी, निमंत्रण-पत्र, piece, scrap (as of paper), a note, written undertaking, receipt, an invitation

रूजकार / रूजगार (सं.पु.) (P) – रोज़गार, पेशा, व्यापार, व्यवसाय, नौकरी, उद्यम, daily work, employment, livelihood, work, trade

रूमाल / रूमाव (सं.पु.) (P) - मुंह-हाथ पोछने के लिए कपड़े का छोटा टुकड़ा, छोटा या चौकोर दुपट्टा,"ग्वव प्यड़ा त्वीलै खाया, ल्या मेरि रूमाव" (लोकगीत), handkerchief, napkin

रूनक (स.स्त्री) (P) – रौनक़, चमक-दमक व उसके कारण होने वाली शोभा, प्रसन्न लोगों की चहल-पहल या जमघट, बहार, brightness, radiance, radiant expression, elegance, grace, lustre

रेड्डु (सं.पु.) (E) - रेडियो, radio

रेल (स.स्त्री) (E) - रेलगाड़ी, ट्रेन, train

रेशम (सं.पु.) (P) - विशेष प्रकार के कीड़ों के कोश से प्राप्त होने वाला मज़बूत धागा, रेशम का सूत, रेशम का कपड़ा, silk

रैफल (*स.स्त्री*) (*E*) - राइफ़ल, एक प्रकार की बंदूक, rifle

रोड (*स स्त्री*) (*E*) – सड़क, मार्ग, road, (प्र० य रोड मे अघिल जै बेर ठुल डाकखाण छु = इस सड़क पर आगे जाकर बड़ा डाकघर (head post office) है)

रोज (*सं.पु.*) (*P*) – रोज़, प्रतिदिन, नित्य, हर दिन, दिवस, दिन, day, a day of twenty-four hours, daily, everyday

रोजी / रोजि (*स.स्त्री*) (*P*) – रोज़ी, जीविका, काम-धंधा, व्यापार, प्रतिदिन का भोजन, ख़ुराक़, मज़दूरी, daily food, daily bread, daily work or wages, employment

रोब (*स पु*) (*A*) - दबदबा, धाक, तेज, प्रताप, dignity, prestige, commanding presence

***

ल

लंफु (सं.पु.) (E) - लैंप, मिट्टी तेल से जलने वाला और काँच की चिमनी से युक्त रोशनी करने वाला उपकरण, चिराग़, कुप्पी, ढिबरी, lamp

लंबर (सं.पु.) (E) - नंबर, अंक, बारी, पारी, स्थान, number, turn, mark (in an examination), place, (प्र० – भुला ,त्यर लंबर म्यर बाद आला = बच्चे (बेटा) तेरा नंबर मेरे बाद आएगा // खूब मिहनतल पढ़िया तभै इमतान में जादे लंबर मिलल = ज़्यादा मेहनत से पढ़ तभी परीक्षा में अधिक अंक प्राप्त होंगे)

लंबरदार (स पु) (E /P) – गाँव का मुखिया या प्रधान जिस पर राजस्व वसूली का दायित्व हो , village headman (responsible for the government revenue)

लकु (सं.पु.) (A) – लक़्वा, स्नायु संबंधी एक रोग जिसके कारण प्रभावित अंग निश्श्रेतन और शक्तिहीन हो जाता है, फ़ालिज, पक्षाघात, paralysis, a stroke

लगाम (*स स्त्री*) (*P*) – घोड़े के नियंत्रण के लिए उसके मुंह में लगाई जाने वाली वह पट्टी जिसके दोनों ओर रस्से या चमड़े के तस्मे बंधे रहते हैं, रास, बाग, बागडोर, कमान, नियंत्रण, अंकुश, bridle, bit, bit and reins, control

लफंग (*वि*) (*A*) - लफ़ंगा, बदमाश, आवारा, दुश्चरित्र, a braggart, an empty talker, an undesirable character, a depraved person

लबारिस (*वि.*) (*A*) - लावारिस, जिसका कोई वारिस या उत्तराधिकारी न हो, अनाथ, ऐसी वस्तु जिसका कोई मालिक या दावेदार न हो, leaving no heir, unclaimed as inheritance (property), stray (an animal)

लबज / लब्ज (*सं.पु.*) (*A*) - लफ़्ज़, सार्थक ध्वनि समूह, शब्द, अर्थयुक्त ध्वनि, बात, a word, meaningful group of letters, talk

लाइब्रेरि / लाइबरेरी (*सं. स्त्री*) (*E*) - पुस्तकालय, वाचनालय जहाँ बैठकर पुस्तकें, समाचारपत्र आदि पढ़े जा सकते हैं या जहाँ से पुस्तकें पढ़ने के उद्देश्य से एक निश्चित समय के लिए प्राप्त की जा सकती हैं, library

लाचार (*वि.*) (*P*) - विवश, मजबूर, असमर्थ, निरूपाय, without recource, helpless, disabled, destitute, having no alternative

लाचारी (*सं. स्त्री*) (*P*) - विवशता, मजबूरी, असमर्थता, helplessness, inability, poverty

लाजिम (*वि.*) (*A*) - लाज़िम, उचित और आवश्यक, आवश्यक और औचित्यपूर्ण, अनिवार्य, necessary, indispensable, inevitable, proper, urgent, obligatory

लाजिमि / लाज्मि (*वि.*) (*A*) - लाज़िमी, लाज़िम होने की स्थिति, अनिवार्य, ज़रूरी, उचित, मुनासिब, essential, inevitable, obligatory, compulsory

लाट (*सं.पु.*) (*E*) - अंग्रेज़ी शब्द लोर्ड से बना शब्द, बड़ा, बहुत बड़ा आदमी, 'लाटसेब' या (लाट सैप), गवर्नर, (प्र० - लाट सैब हुंण = ख़ुद को दूसरों से अलग या बड़ा समझना), a lord, governor (in British India), Viceroy, Governor-General

लाटरी (*सं स्त्री*) (*E*) - एक प्रकार का जुआ जिसमें हज़ारों लोग पैसा खर्च कर हिस्सा लेते हैं और पाँच-छह लोग इनामी धन राशि प्राप्त करते हैं, lottery

लापता (*वि.*) (*A*) - खोया हुआ, गुम, ग़ायब, जिसका कोई पता-ठिकाना न हो, of unknown whereabouts, missing (a person), lost (a thing)

लायक / लैक (*वि.*) (*A*) - लायक़, योग्य, क़ाबिल, गुणवान, समर्थ, उचित, उपयुक्त, पात्र, fit, suitable, able, capable, deserving, worthy

लालटीन (*सं स्त्री*) (*E*) - लालटेन, लोहे या टिन आदि से बना एक शीशेदार दीया जिसे मिट्टी तेल से जलाया जाता है, कंदील, किसी कमरे या स्थान को प्रकाशित करने वाला उपकरण, lantern

लाश (*सं स्त्री*) (*P*) - मृत प्राणी का शरीर, मृत देह, शव, मुर्दा, a corpse, a carcass, dead body

लिक्चर (*सं.पु.*) (*E*) - व्याख्यान, भाषण, उपदेश, लेक्चर, lecture

लिफाफ़/लिफाफ़प (*सं.पु.*) (*A*) - लिफ़ाफ़ा, काग़ज़ की बनी चौकोर थेली, पत्र भेजने का खोल या कवर, envelop

लिलाम (*सं. स्त्री*) (*PRT*) - नीलाम, सार्वजनिक बिक्री की वह पद्धति जिसमें सबसे अधिक दाम देने वाले को

माल बेचा जाता है, बेचने की वह प्रक्रिया जिसमे क्रेता द्वारा बोली लगाई जाती है और सबसे ऊँची बोली लगाने वाले क्रेता को सामान बेचा जाता है, an aution, to sell by auction.

लिस्ट (सं. स्त्री) (E) - सूची, तालिका, फ़ेहरिस्त, list

लिहाज (सं.पु.) (A) - लिहाज़, किसी बात या व्यक्ति का आदरपूर्वक रखा जाने वाला ध्यान या ख़याल, अदब, संकोच, मुलाहिज़ा, attention, notice, regard, consideration, deference

लिहाप (सं.पु.) (A) - लिहाफ़, रूई भरकर बनाया गया कंबल की तरह का मोटा ओढ़ना, रज़ाई, a quilt

लीटर (सं.पु.) (E) - मीट्रिक प्रणाली में द्रव्य को मापने की एक इकाई, litre

लीडर (सं.पु.) (E) - नेता, नायक, अगुआ, किसी भी कार्य में नेतृत्व करने वाला व्यक्ति, leader

लेटरबकस / लेटरबगस (सं.पु.) (E) - लेटरबॉक्स, पत्रपेटी, पत्र डालने के लिए लगी पेटी या डिब्बा, letterbox

लसंस / लैसंस / लैसन / लाइसेन (सं.पु.) (*E*) - लाइसेंस, अधिकार-पत्र या अनुमति-पत्र, license

लोफर (सं.पु.) (*E*) - लोफ़र, आवारा, लफंगा, गुंडा, लुच्चा, बदमाश, loafer

ल्यागत / लियागत / लियाकत (सं. स्त्री) (*A*) - लियाक़त, उपयुक्तता, योग्यता, बुद्धिमत्ता, गुण, suitability, fitness, worth, merit, ability, capability, prudence, judgment

***

व

वकत (*स.स्त्री*) (*A*) - वक़्अत, हैसियत, महत्व, मर्यादा, मूल्य, आदर, weight, force, regard, consideration, esteem, value, importance

वकालत (*स.स्त्री*) (*A*) - वकील का पेशा, किसी के पक्ष में की जाने वाली बहस या पैरवी, प्रतिनिधित्व, कानून की पढ़ाई, the profession of a lawyer, practice at the bar, pleading or arguing any case

वकालतना़म (*सं.पु.*) (*A+P*) - वकालतनामा, मुक़दमें की पैरवी करने का अधिकार-पत्र, power of attorney

वकील (*सं.पु.*) (*A*) - वकालत की परीक्षा उत्तीर्णकर क़ानूनी बहस या जिरह करने का अधिकारी व्यक्ति, वकालत करने का अधिकारी, मुक़दमे की पैरवी करने वाला क़ानून से मान्यता प्राप्त प्रतिनिधि, one entrusted, a lawyer, barrister, solicitor, agent, representative

वगैर (*अव्यय*) (*A*) - वग़ैरह, आदि, इत्यादि, and the rest, and so on, and so on and so forth, etc.

वजन (*सं.पु.*) (*A*) - वज़न, भार, बोझ, तौल, भार मापने अथवा तौलने की क्रिया, महत्व, मानप्रतिष्ठा, weight, weighing, a measure of weight, influence, significance

वजनदार (*वि*) (*A+P*) - वज़नदार, भारी, महत्व का, weighty, heavy, of full weight, authoritative, significant

वजनी (*वि.*) (*A*) - वज़नी, वज़नदार, भारी, महत्वपूर्ण, weighty, important

वजिप / वजिफ / वजिब (*स पु*) (*A*) - वज़ीफ़ा, छात्रवृत्ति, पेंशन, वृत्ति, भत्ता, scholarship, bursary, stipend, allowance

वजीर (*सं.पु.*) (*A*) - वज़ीर, मन्त्री, मध्यकाल में बादशाह का सलाहकार, सचिव, minister (of a king or in an elected government), an advisor

वजीरी (*स.स्त्री*) (*A*) - वज़ीर या मंत्री का काम, वज़ीर होने का भाव, status or office of a minister

वजै / वजह (स. स्त्री) (A) - वज़ह, कारण, आधार, सबब, माध्यम, ज़रिया, cause, reason, aspect

वफादार (वि.) (A) - वफ़ादार, स्वामिभक्त, निष्ठावान, वचन का पालन करने वाला, मित्रता, प्रेम आदि रिश्तों का निर्वाह करने वाला, faithful, loyal, trustworthy

वर्कशाप (स.स्त्री) (E) - कार्यशाला, मशीनों, गाड़ियों आदि की मरम्मत की जगह, workshop

वलिवारिस (स.पु) (A) - उत्तराधिकारी, संरक्षक, हक़दार, वह जिसे किसी की विरासत मिले, रखवाला, पहरेदार, an heir, successor, owner, master, lord, protector

वसूलण (क्रिया) (A) - वसूलना, उगाही करना, दी हुई रक़म या वस्तु को वापस लेना, to recover an amount from the borrower, to receive, to collect (rent, tax etc.)

वसूली (सं. स्त्री) (A) - वसूल करने का उपक्रम, उगाही, प्राप्ति, उधार दी गई धनराशि को वापस प्राप्त करने की प्रक्रिया, recovery (loan), collection (tax, rent)

वहयात (*वि. एवं सं. स्त्री*) - वाहियात,ख़राब, व्यर्थ, निरर्थक, संज्ञा के रूप में - अनुचित, अशिष्ट, अनर्गल व्यवहार, nonsense, vulgar, useless (as noun), (adj. -vulgar, scurrilous)

वा (*अव्य*) (*P*) - वाह, प्रशंसा और आश्चर्यसूचक शब्द, धन्य, शावाश, splendid, wonderful, goodness (expressing astonishment, displeasure or regret)

वाजिप / वाजिब (*वि.*) (*A*) – वाजिब, उचित, उपयुक्त, ठीक, आवश्यक, मुनासिब, योग्य, right, proper, appropriate, necessary

वापिस / वापस (*वि.*) (*P*) - लौटकर फिर अपने स्थान पर आया हुआ, प्रत्यागत, ख़रीदकर या उधार मांग कर ली गई वस्तु को लौटाना, returning something to the person whom it was purchased or borrowed from, giving or sending back.

वापसी (*स.स्त्री*) (*P*) - लौटने या लौटाने की क्रिया या भाव, प्रत्यावर्तन, जो लौट कर आया हो, returning, return, refund, sending back, adj. - return (as fare, ticket, journey, post)

वारंट (स.पु.) (*E*) - वह पत्र जिसके द्वारा किसी को कोई काम करने का अधिकार या आज्ञा दी गई हो, किसी को पकड़ने या माल ज़ब्त करने की लिखित आज्ञा, a warrant (as for arrest or search)

वारदात (*सं. स्त्री*) (*A*) - घटना, हादसा, दुर्घटना, दंगा-फ़साद आदि की आपराधिक घटना, चोरी, डकैती, an event, incident, accident, disaster, theft, robbery

वारिस (*सं. पु*) (*A*) - उत्तराधिकारी, हकदार, किसी विरासत का होने वाला मालिक, heir, owner, master, lord, protector

वास्कट (*सं. स्त्री*) (*E*) – फ़तूही , बिना आस्तीन और गले वाला कोट, कोटी, जैकेट, waistcoat, jacket, sleeveless jacket, a short quilted waistcoat

वास्त (*सं.पु.*) (*A*) - वास्ता, संबंध, नाता, रिश्ता, लगाव, सरोकार, connection, business, concern, dealings

वास्ते (*अव्यय*) (*A*) - कारण, हेतु, लिए, निमित, on account of, because of, for, in order to,

वाशिंद (सं. पु) (P) - बाशिंदा, निवासी, रहने वाला, resident, inhabitant

वाहवाही (स स्त्री) (P) - प्रशंसा, बहुत अच्छा, धन्य धन्य आदि कहा जाना (प्र०- वाहवाही लूटण = प्रशंसा पाना), praise, applause, ovation

विकेट (सं पु.) (E) - क्रिकेट के खेल में पिच पर खड़े तीन डंडे और उन पर रखी गई दो गिल्लियाँ जिन्हे गिरने से बचाने के लिए बल्लेबाज बेटिंग करते समय ध्यान में रखता है, विकेट गिरना खिलाड़ी का खेल से बाहर होने को भी कहा जाता है, wicket

विटामिन (सं.पु.) (E) - जीव विज्ञान के अनुसार खाद्य पदार्थों में पाया जाने वाला पोषक तत्व, जीवों के स्वास्थ्य के लिए अनिवार्य कार्बनिक यौगिक, vitamin

वीजा (सं.पु.) (E) - वीज़ा, अन्य देशों में आने-जाने या उनसे होकर गुज़रने की प्रवेश अनुमति, visa

वेबसाइट / वेबसाइड (सं. स्त्री) (E) - इंटरनेट से जुड़ा हुआ वह स्थान जहाँ किसी संस्था, संगठन आदि की सूचना उपलब्ध रहती है, website

वोट / भोट (सं.पु.) (E) - जन प्रतिनिधियों का चुनाव करने के लिए दिया जाने वाला मत, vote

वोटबैंक (सं.पु.) (E) - मतदाताओं का वह समूह जिस पर कोई दल अपना अधिकार समझता है, votebank

वोटर / भोटर (सं.पु.) (E) - वोट देने वाला, voter

वोल्टेज (सं. पु) (E) - भौतिक विज्ञान के अनुसार विद्युत् उर्जा का मानक या माप, voltage

***

श

शऊर / सऊर (सं.पु.) (*A*) - काम करने का ढंग, तरीक़ा, सामान्य योग्यता, सलीका, ढंग, बुद्धि, व्यवहारिक बुद्धि, (प्र०- सऊर ऊण = उचित व्यवहार का सलीका या ज्ञान होना), good sense, wisdom, knowledge, good manners or behaviour

शऊरदार / सऊरदार (*वि.*) (*A+P*) - काम करने का ढंग जानने वाला, सलीकादार, sensible, intelligent, having good manners.

शक / सक (सं. पु) (*A*) - शक, संदेह, संशय, शंका, doubt, suspicion, scepticism

शकल (सं. स्त्री) (*A*) - शक्ल, चेहरा, मुखाकृति, आकृति, रूप, बनावट, ढंग, अंदाज़, मुख की ऐसी चेष्टा जिससे कोई भाव विशेष प्रकट होता हो, appearance, likeness, face, features, shape, form, means, manner

शक्कि (*वि.*) (*A*) - शक्की, शक करने वाला,
शंकाशील, बात-बात में शक करने वाला व्यक्ति,
sceptical, suspicious

शक्त (*वि.*) (*P*) - सख़्त, कठोर, कड़ा, पक्का, दृढ,
कठिन, मुश्किल, भारी, (प्र०- उ शक्त बिमार छै = वह
गंभीर रूप से बीमार है), hard, harsh, strong,
stiff, strict, rigorous, serious

शरबत / सरबत (*सं.पु.*) (*A*) - शरबत, एक रूचिकर
मीठा पेय पदार्थ, जल और फलों आदि के रस का मिश्रण,
any sweet drink, a sweet medicine, sherbet

शरम / सरम (*सं. स्त्री*) (*A*) - शर्म, लज्जा, संकोच,
लिहाज़, पछतावा, (क०- सरम न लाज नकटी राज =
बिना परवाह किए लज्जाजनक व्यवहार करते रहना, //
सरमवाल सरमैल चुप भै, बेशरमैल सोचि मैं देखि डरौ =
शरमदार शरम से मरा, बेशरम कहे हमसे डरा),
shame, bashfulness, embarrassment,
modesty

शराप / शराब (*सं. त्री*) (*A*) - शराब, मदिरा, मद्य, सुरा,
दारू, wine, alcohol, liquor, spirit

शरापि / शराबि (*वि.*) (*A*) - शराबी, शराब पीने वाला, शराब का व्यसनी, मद्यप, पियक्कड़, drunkard, boozy

शराफत / शरापत / सराफत (*सं. स्त्री*) (*A*) - शराफत, शरीफ होने का भाव, सज्जनता, भद्रता, कुलीनता, शिष्टता, नेकी, civility, gentlemanliness, nobility

शरारत (*सं. स्त्री*) (*A*) - छेड़-छाड़, चंचलता, दुष्टतापूर्ण कार्य, दुष्टता, पाजीपन, उपद्रव, शैतानी, wickedness, naughtiness, mischievousness

शरीक / सरीक (*सं.पु.*) - साथी, partner, associate, (*वि.*) शामिल, सम्मिलित, भागीदार, साझीदार, किसी कार्य में साथ देने वाला, participating, associating, co-sharing, included.

शरीप / शरीफ (*सं.पु.*) (*A*) - शरीफ, कुलीन एवं सज्जन व्यक्ति, शिष्ट, भला, नेक, सभ्य, noble, high-born, virtuous, gentlemanly

शर्तनाम / सर्तनाम (*सं.पु.*) (*A*) - शर्तनामा, इक़रारनामा, अनुबंध, प्रतिज्ञापत्र, a contract, an agreement

शलवार / सलवार (*सं. स्त्री*) (*P*) - शलवार, एक प्रकार का ढीला पाजामा, पेशावरी पायजामा, महिलाओं का पायजामा, a kind of loose trousers for women, pair of loose, pleated trousers

शस्ताण (*क्रिया*) (*P*) - सुस्ताना, सुसताना, थकान के बाद आराम करना, थकान को मिटाने के लिए चल रहे कार्य को रोक देना, थकावट दूर करना, फ़ारसी विशेषण 'सुस्त' (धीमा, ढीला, अनमना, आलसी, मंदबुद्धि) से 'सुस्ताना' शब्द बना है, to rest, to stop (from work etc.), to take rest or break)

शहर (*सं.पु.*) (*P*) - नगर, पक्के मकानों की बड़ी बस्ती, सफ़ाई, प्रकाश, मार्ग तथा अन्य सुविधाओं से युक्त बस्ती, a city, a town

शहीद (*वि.*) (*A*) - सत्य के लिए अपने धर्म, देश, समाज की भलाई के लिए अपने प्राण देने वाला, बलिदानी, आत्मत्यागी, a martyr

शहूर - देखें "शऊर"

शान (*सं. स्त्री*) (*A*) - प्रतिष्ठा, मान्यता, विशालता, भव्यता, विशेष ठाट-बाट, गर्व पूर्ण दिखावा। नोट- कुमाऊनी में शान का एक अर्थ, इशारा, संकेत, गुप्त सूचना, प्रेरणा आदि भी है। उदाहरण - 'मुनई लैं नै नै कै

छै आंगुइ लैं शान' अर्थात सिर इधर-उधर हिला कर तो 'न' कहा और अंगुली के इशारे से 'हाँ' कहा, dignity, state, pomp, grandeur, magesty, glory

शाबासी /शबासी (*स स्त्री*) (*P*) – शाबाशी , सराहना , साधुवाद, applause, praise (प्र०- रमेश अच्छे लंबर ल्हि बेर इमतान पास करौ त मस्साब उकैं शबासी दे = रमेश अच्छे अंक लेकर सफल हुआ तो अध्यापक ने उसे शाबाशी दी)

शामत / सामत (*सं. स्त्री*) (*A*) - मुसीबत, विपत्ति, दुर्भाग्य, दुर्दशा, बदक़िस्मती, misfortune, disaster, disgrace

शामिल / सामिल (*वि.*) (*A*) - शामिल, सम्मिलित, मिला हुआ, इकट्ठा, संयुक्त, शरीक, included, involved, participating

शाल (*सं. स्त्री*) (*A*) – दुशाला, चादर की तरह का गरम कपड़ा, ओढ़ने की एक गरम चादर, shawl

शाह (*सं.पु.*) (*P*) - बड़ा मुग़ल सम्राट, बादशाह, सुल्तान, स्वामी, मालिक, नेपाल में ठकुरी क्षत्रिय की उपाधि, धनी, सेठ जो ब्याज पर रूपया उधार देता है, मुसलमान फ़क़ीरों की उपाधि या पदवी, king, royal, excellent, moneylender, master, title of Muslim faquirs (saints), faqir

शिकार (स.पु.) (P) - पशुओं को मारने की प्रक्रिया, वह पशु जिसका आखेट किया गया हो, माँस, गोश्त, hunting, game, prey, meat

शिकैत / सिकैत (सं. स्त्री) (A) - शिकायत, शिकवा, गिला, निंदा, बुराई, कष्ट बताना,परिवाद, a complaint, grievance, accusation

शिपाई (सं.पु.) (P) - सिपाही, युद्ध में भाग लेने वाला, सैनिक, रक्षक, फ़ौजी, a soldier, sepoy, constable, policeman

शिबारिश (सं. स्त्री) (P) - सिफ़ारिश, किसी व्यक्ति का कोई काम कर देने के लिए किसी अन्य व्यक्ति से अनुरोध करना, संस्तुति, recommendation

शिबार्शि (वि.) (P) - सिफ़ारिशी, सिफ़ारिश संबंधी, जिसमें किसी की सिफ़ारिश की गई हो, ख़ुशामदी, recommendatory, obtaining a post or position undeservedly through another's influence.

शिशा (*स.पु.*) (*P*) - शीशा, काँच, दर्पण, आइना, glass, a mirror, looking glass

शुरु (*सं.पु.*) (*A*) - किसी कार्य आदि के आरंभ होने या करने की क्रिया, प्रारंभ, beginning, commencement

शुरूवात (*सं. स्त्री*) (*A*) - श्री गणेश, आरंभ, प्रारंभ, पहल, शुरूआत, beginning, commencement, initiation

शूम (*वि*) (*A*) - सूम, कंजूस, कृपण, a miser

सेखी / शेखी (*स स्त्री*) (*TR*) – शेख़ी, डींग, हेकड़ी, शान, झूठी शान, अकड़, घमंड, अभिमान, (प्र० - सेखी सान गुमाना पु = झूठी शान दिखाना या डींगें मारना), बुजुर्गी, बड़ाई, मुसलमानों की शेख़ नामक जाति या वर्ग का अभिमान, boasting, arrogance, bravado, bragging, arrogance

शेर (*सं.पु.*) (*P*) – शेर, सिंह, बाघ, हिंसक पशु, ला.अ. निर्भीक और साहसी पुरूष, a tiger, a lion, a brave man

शैतान / सेतान (*स.पु.*) (*A*) – शैतान, असुर, दुरात्मा, दुष्ट, उपद्रवी या शरारती व्यक्ति, राक्षस (मिथक), ईश्वर

की आज्ञा न मानने के कारण स्वर्ग से निकाला गया देवदूत जो अब मनुष्य को कुमार्ग पर चलने के लिए प्रेरित करता है (इस्लाम और ईसाई धर्म के अनुसार), Satan, the devil, an evil person

शैब / शैप (सं.पु.) (A) - साहब, स्वामी, मालिक, प्रभु, अधिकारी, शिष्ट समाज में पेशे आदि के साथ लगाया जाने वाला आदरसूचक शब्द जैसे- डाक्टर साहब, वकील साहब, मास्टर साहब आदि, owner, master, officer, a prominent person, honour added to a name, title or trade, in British India an honorific title used for a European

शौक / सौक (सं.पु.) (A) – शौक़, प्रसन्नता और मनोविनोद के लिये कोई काम बार-बार करने की लालसा या अभिरूचि, desire, yearning, taste, fancy, eagerness, pleasure in doing something

शौकीन / सौकीन (वि.) (A) – शौक़ीन, किसी काम, बात या वस्तु का शौक रखने वाला, व्यसनी, सदा सुसज्जित रहने वाला, desirous, amorous, keen, enthusiastic

शौद /सोद (सं.पु.) (A) - सौदा, क्रय-विक्रय, ख़रीद-फ़रोख़्त, क्रय-विक्रय की वस्तु या माल, वाणिज्य, व्यापार, क्रेता-विक्रेता के बीच होने वाली सहमति,

goods, wares, trade, marketing, transaction, deal

शौद-पत्त (स पु) (A) (सौदा शब्द से बना युग्म) - क्रय की गई विभन्न वस्तुऐं, goods, various items purchased.

शौल (सं.पु.) (E) - दुशाला, शॉल, shawl

***

स

संदूक (सं.पु.) (A) - संदूक़, लकड़ी, चमड़े या धातु की पेटी, चौकोर बक्सा, पिटारा, box, chest, coffer

सईस (सं.पु.) (A) - साईस, वह व्यक्ति जो घोड़े की देख-रेख करता है, horse-keeper

सऊर (सं.पु.) दे० - शऊर

सकत / सखत (वि.) (P) - सख़्त, कठोर, कड़ा, पक्का, मज़बूत, hard, stiff, strong, solid, tight

सजा (सं. स्त्री) (P) - सज़ा, अपराध आदि के कारण अपराधी को मिलने वाला दंड, अर्थ दंड या जेल में रखे जाने का दंड, punishment, retribution

सन (सं.पु.) (A) - साल, वर्ष, गणना में कोई विशिष्ट वर्ष जैसे संवत, हिजरी या ईसवी सन, year of a calender, era, a specific year

सपेद (*वि.*) (*P*) - सफ़ेद, श्वेत, धवल, गोरा, उजला, कोरा, white, clean, fair, blank

सफाइ (*सं. स्त्री*) (*A*) - सफ़ाई, स्वच्छता, निर्मलता, दोष या त्रुटि आदि से रहित, cleanliness, cleaning, openness, freedom from guilt or fault

सबक (*सं.पु.*) (*A*) - सबक़, पाठ, शिक्षा, उपदेश, सीख, नसीहत, lesson, to give a lesson, moral, to teach a lesson, to learn a lesson (from an incident, experience etc.)

सबर (*सं.पु.*) (*A*) - सब्र, संतोष, धीरज, धैर्य, सहनशीलता, patience, endurance, contentment

सबूत (*सं.पु.*) (*A*) - प्रमाण, वह बात या वस्तु जिससे कोई बात साबित हो या प्रमाणित हो, साक्ष्य, गवाही, proof, testimony, evidence

सब्जि (*सं. स्त्री*) (*P*) - सब्ज़ी, फ़ारसी विशेषण सब्ज़ से बना शब्द जिसका अर्थ है हरा, हरित, हरी तरकारी, शाक-भाजी, शाक, पकाई हुई सब्ज़ी जैसे आलू गोभी की सब्ज़ी, greenery, foliage, a vegetable, a vegetable dish or curry

समन / सम्मन (स पु) (*E*) – समन, प्रतिवादी को अदालत में हाज़िर होने के लिए भेजा गया आदेश, अदालत का बुलावा, summon

समोस / समोसा (स पु) (*P*) – एक तिकोना पकवान जो मैदा से बना और आलू भरा व तेल मे तला होता है, a triangular-shaped savoury fried in ghee or oil, containing spiced vegetable or mashed potato

सरंजाम (*सं.पु.*) (*P*) - कार्य का पूरा होना, कार्य पूर्ति, अंत, परिणाम, प्रबंध, व्यवस्था, bringing to completion, arrangement, organisation, issue, result

सरकस (*सं.पु.*) (*E*) - वह रंगमंच जहाँ पर मनुष्य और पशु कलाकारों द्वारा अपने करतबों से जनता का मनोरंजन किया जाता है, circus, entertainment

सरकार (*सं. स्त्री*) (*P*) - देश का शासन करने वाली संस्था या सत्ता, शासन, हुकूमत, राजा, मालिक, बड़े व्यक्ति के लिए प्रयुक्त होने वाला संबोधन, master, lord, (as term of address), Sir, Your Honour, government, ruling authority, court of a king.

सरकारि (*वि.*) (*P*) - सरकारी, सरकार संबंधी, सरकार का, शासकीय, राजकीय, of or pertaining to government or to the state, governmental, official

सरपंच (*स पु*) (*P+H*) – ग्राम पंचायत का मुखिया या सभापति, पंचों मे मुख्य व्यक्ति, ग्राम प्रधान, head of a panchayat or village

सरविस / सर्विस (*स स्त्री*) (*E*) – सेवा, रोज़गार, नौकरी, service, employment, (प्र०- म्यर बाबू सन 1954 में पिठोरागढ़ सब-ट्रेजरी में सरविस में छी = मेरे पिताजी 1954 में पिथौगढ़ उपकोषागार में सेवारत थे)

सरहद (*स स्त्री*) (*P+ A*) – किसी देश या भूखंड की सीमा, सीमा निर्धारित करने वाली रेखा, सीमा समाप्ति, frontier, border, frontier region

सराब (*सं. स्त्री*) (*P*) - शराब, मदिरा, मद्य, सुरा, दारू, wine, spirit, liquor

सराय (*सं. स्त्री*) (*P*) – यात्रियों के ठहरने का स्थान, मध्य-युग में यात्रियों,व्यापारियों आदि के रूकने, खाने-पीने, मनोरंजन हेतु उपलब्ध जगह, मुसाफ़िरख़ाना, house, abode, temporary lodging place, inn

सरासर (*क्रि.वि.*) (*P*) - सरासरी, (किसी काम में) शीघ्रता, जल्दी, फुरती, जल्दी या हड़बड़ी में, वेगपूर्वक, हिंदी में सरासर का अर्थ पूर्णतः, लगातार, साफ़-साफ़, एकदम आदि है जैसे ("सरासर झूठ "= an arrant lie) लेकिन कुमाउनी में यह शब्द इस अर्थ में प्रयुक्त नहीं है।, quickly, hastily

सरेआम (*अव्यय*) (*P+A*) -खुलेआम, सबके सामने, सार्वजनिक रूप से, publicly, openly (प्र० यसिके सरेआम बेजति करण भलि बात नि भै = इस तरह सार्वजनिक रूप से अपमान करना अच्छी बात नहीं है)

सर्जन / सरजन (*स पु*) (*E*) – शल्यचिकित्सक, मुख्य चिकित्सक, ऑपरेशन करने वाला डाक्टर, ब्रिटिशकाल में अस्पताल के मुख्य चिकित्सा अधिकारी को सिविल सर्जन कहा जाता था इसलिए सर्जन या सिविल सर्जन बड़े या अनुभवी डॉक्टर के लिए भी प्रचलित रहा है, sergeon

सर्त / सरत / शर्त (*सं. स्त्री*) (*A*) - शर्त, प्रतिज्ञा, अपनी बात मनवाने के लिए किया जाने वाला क़रार, बाज़ी, उपबंध, पाबंदी, a condition, a provision, terms, an agreement, bet, a wager, bargain

सर्दि (*सं.स्त्री*) (*P*) - सर्दी, सरदी, जाड़ा, ठंड, जाड़े का मौसम, जुकाम, cold, coolness, the cold season, winter, a cold (in throat and chest as well as head)

सर्बत / सरबत (सं.पु.) (A) - दे० - शरबत

सलाद (सं.पु.) (E) - कटे हुए कच्चे फल, सब्ज़ी, कंद आदि के साथ नमक, मिर्च, खटाई आदि मिलाकर तैयार किया जाने वाला एक खाद्य, प्याज, टमाटर, मूली, खीरा, नीबू, मिर्च, नमक का मिश्रण, salad

सलाम (सं.पु.) (A) - नमस्कार, प्रणाम, अभिवादन करने की एक फ़ारसी शैली तिसमें दाहिने हाथ की उंगलियों को माथे पर लगाते हैं, salutation, greeting, a bow, (तेर खुटी मेर सलाम, मैं मैता जाण दे भागी – लो० गी०)

सलामत (वि) (A) - विपदा या हानि से बचा हुआ, सुरक्षित, मेहफूज़, सकुशल, जीवित, पूर्ण, (क्रि० वि०) कुशलतापूर्वक जैसे-सलामत रहो, safety, salvation, peace

सलामी (सं. स्त्री) (A) - सलाम करने की क्रिया या भाव, सैनिकों द्वारा किसी प्रतिष्ठित अथिति के आगमन पर एक साथ अभिवादन करना, किसी प्रतिष्ठित व्यक्ति के सम्मान में बंदूकों, तोपों आदि का दागा जाना, उच्च अधिकारी के सम्मान में सैनिक अभिवादन, उतार,

झुकाव, ढलान, act of salutation, ceremonial salute (as by a guard of honour or by cannon)

सलेट (सं. स्त्री) (E) - स्लेट, स्कूल में लिखने के काम आने वाली काले पत्थर की चौकोर पट्टी, slate

सल्ला (सं.पु.) (A) - सलाह, राय, मशविरा, परामर्श, सुझाव, सम्मति, advice, consultation

सवार (सं.पु.) (P) - किसी वाहन पर बैठा या आरूढ़ व्यक्ति, घोड़े या किसी अन्य पशु पर चढ़ा व्यक्ति, a rider, a trooper, a passenger

सवारी (सं. स्त्री) (P) - सवार होने की अवस्था, भाव या क्रिया, ऐसा साधन जिस पर लोग सवार होते हैं जैसे - घोड़ा, ऊंट, पालकी, मोटर आदि, मोटर आदि में यात्रा करने वाला भी सवारी कहलाता है, riding, horsemanship, a vehicle, conveyance, a passenger

सवाल (सं.पु.) (A) - प्रश्न, वह जिज्ञासा जो पूछी जाए, (याचना, प्रार्थना, निवेदन लाक्षणिक अर्थ में जैसे पेट का सवाल है), asking, questioning, a question, a problem, request, complaint.

सस्पेंड (स पु) (E) – निलंबन, निलंबित, कुछ समय के लिए सेवा से वंचित , suspension (प्र० वीक खिलाप भौत सिकेत एरे छि जेक वजहल उकैं हाकिम सस्पेंड करि दे = उसके विरुद्ध बहुत शिकायतें मिल रही थीं जिसके कारण अधिकारी ने उसे निलंबित कर दिया)

सही / सइ (*वि.*) (A) – सही, यथार्थ, वास्तविक, शुद्ध, सत्य, ठीक, प्रमाणिक, सत्य या ठीक होने का सूचक चिह्न, संज्ञा के रूप में हस्ताक्षर करके सत्यापन, confirmation, signature

सइ-सलामत (*वि*) (A) – सही-सलामत, सकुशल, सुरक्षित, स्वस्थ, भला-चंगा, safe and sound, (प्र०- वीकि फिकर झन करिया, उ यां सइ-सलामत पुजिगो = उसकी चिंता मत करना वह यहाँ सुरक्षित पहुँच गया)

सहूर - दे० - शहूर, शऊर

सहूल्यत / सहूलत (*सं. स्त्री*) (A) - सहूलियत (अरबी सहुलत), सुभीता, सुविधा, आसानी, व्यवहार या आचरण में सभ्यता या नरमी, smoothness, convenience, facility, ease, good manners, ease of manner

साइकल / साइकिल (स स्त्री) (E) – दो पहियों वाली और पेडल की सहायता से चलने वाली गाड़ी , पैर गाड़ी, cycle

साप / साफ (वि.) (A) - साफ़, धूल या मैल आदि से रहित, निर्मल, स्वच्छ, उज्ज्वल, निर्दोष, बेदाग़, सहज, समतल, शुद्ध, पवित्र, निश्चित, clear, fair, bright, clean, unadulterated, correct, true, exact

साफा (सं.पु.) (A) - साफ़ा, सिर पर बाँधने के काम में लाया जाने वाला एक प्रकार का कपड़ा, पगड़ी, मुरेठा, a turban

साबित (वि.) (P) - साबुत, जो खंडित न हुआ हो, अखंड, संपूर्ण, समूचा, ठीक, sound, complete, undamaged, whole

सामिल (वि.) (A) - शामिल, सम्मिलित, मिला हुआ, संयुक्त, इकट्ठा, included, involved, participating

सामियान (सं.पु.) (P) - शामियाना, अपेक्षाकृत बड़ा और खुला हुआ तंबू, a large tent, marquee, pavilion, canopy

साल *(सं.पु.)* *(P)* - वर्ष, बरस, बारह माह का समय, a year, twelve month's time

सिकंज *(सं.पु.)* *(P)* - शिकंजा, कसने या दबाने का यंत्र, पकड़, दबाव, जकड़, पकड़, a clamp, pressing appliance, clasp, grasp, clutches, instrument of torture

सिकैत *(सं. स्त्री)* *(A)* - शिकायत, शिकवा, गिला, निंदा, बुराई, दोषकथन, उपालंभ, a complaint, request for improvement, a reproach

सिक्क *(सं.पु.)* *(A)* - सिक्का, धातु से बना निश्चित मूल्य का पैसा, मुद्रा, धाक, प्रभुत्व, a coin, a rupee, currency, a stamp, influence, authority

सिपाइ *(सं.पु.)* *(P)* - दे० - शिपाई

सिन्मा / सनीमा *(सं.पु.)* *(E)* - सिनेमा, चलचित्र, फ़िल्म, movie, film, cinema

सिबारिश / सिपारिश *(स स्त्री)* *(P)* - दे० - शिबारिश

सिम / सिमकार्ड *(सं.पु.)* *(E)* – मोबाइल फोन के अंदर छोटे आकार का इलेक्ट्रॉनिक कार्ड जिसकी सहायता से फोन सक्रिय होता है या काम करता है, sim, simcard

सिमंट (सं.पु.) (E) - सीमेंट, cement

सिरफ / सिरप (अव्यय) (A) - सिर्फ़, निश्चित परिमाण या मात्रा में, मात्र, इतनाभर, केवल, अकेला, only, merely

सिर्क (सं.पु.) (P) - सिरका, ईख, अंगूर, जामुन आदि के रस को धूप में रख कर खमीर बनाकर तैयार किया गया खट्टा रस जिसका उपयोग भोजन और अचार आदि में किया जाता है, vinegar

सिलसिल (सं.पु.) (P) - सिलसिला, क्रमिकता, शृंखला, पंक्ति, क्रम, chain, series, sequence

सिवाय / सिवा (अव्यय) (A) - जो है या जो हो उससे हटकर, उसके अतिरिक्त, उसके अलावा, केवल इसके बिना, except, apart from

सीट (सं. स्त्री) (E) - जगह, स्थान, बैठने का स्थान, वस्तु, कुर्सी आदि, seat, (प्र० – य सीट खाल्लि छ, आपुं एरामुल भैट सकछा = यह सीट ख़ाली है आप आराम से बैठ सकते हैं)

सुराख (सं.पु.) (P) - सुराख़, छिद्र, छेद, hole, opening

सुराग / सुराङ (स.पु.) (*P*) - सुराग़, खोज करने के लिए भेदना, छिद्रांवेषण, पता, टोह, खोज, निशान, sign, trace, clue, search, enquiry

सूट-बूट (*स पु*) (*E*) - सलीकेदार कपड़े और जूते, लाक्षणिक अर्थ में किसी व्यक्ति की सज-धज, (प्र०- किलै सूट-बूट में कां घुमाई हैरे = सूट-बूट में कहाँ जा रहे हो), well-dressed

सूद (सं.पु.) (*P*) – सूद, ब्याज, लाभ, नफ़ा, भलाई, interest (on money), profit

सूम (*वि.*) (*।*) - कंजूस, कृपण, मितव्ययी, प्र०- ”निकरना खरच यो सूम बणि रौनी” (ये खर्च नहीं करते कंजूस बने रहते हैं।), “सूम कैं एक नाम, दिनैर कैं दस नाम “(कंजूस की एक बुराई और देने वाले की दस बुराई), a miser

सूरत (सं. स्त्री) (*A*) - रूप, आकृति, शक्ल, मुखाकृति, चेहरा, form, appearance, face, features

सेकिंड / सेकिन (सं.पु.) (*E*) - सेकंड, एक मिनट का साठवां भाग, क्षण, पल, द्वितीय, दूसरा, दुबारा, second

सैत (*स स्त्री*) (*A*) - साइत, शुभ मुहूर्त, शुभ समय, पल, घड़ी, बेला, सगाई के दिन कन्या को पहनाए जाने वाला

शुभ आभूषण, शायद, an hour, a moment, an auspicious or inauspicious moment, perhaps

सैतान - दे० - "शैतान"

सैनबोड / सैन बोर्ड *(स पु)* *(E)* – साइन-बोर्ड, किसी दुकान या संस्था के नया को प्रदर्शित करने वाला पट या तख़ता, नामपट्ट, signboard

सैलूट *(सं.पु.)* *(E)* - सलामी, अभिवादन, प्रणाम, सेल्यूट, salute

सोफा *(सं.पु.)* *(E)* - सोफ़ा, एक अच्छा गद्देदार कोच या लंबी बेंच जिस पर दो या तीन आदमी आराम से बैठ सकते हैं, एक गद्दीदार कुर्सी, sofa

सोबत *(सं. स्त्री)* *(A)* - सोहबत, साथ, संगति, संग, संगत, मंडली, संभोग, companionship, company, association, cohabitation

सौदा *(सं.पु.)* *(A)* - सौदा, क्रय-विक्रय, ख़रीदना-बेचना, वाणिज्य, 'सौदकरण' = ख़रीदारी करना, सौद-पत्त करण = सौदा करना, क्रय-विक्रय की वस्तु या माल, खरीदने-बेचने वाले के बीच होने वाली सहमति, (क०- सौद लिण देखि बेर, रोट खांण सेकि बेर = सतर्कता के साथ कार्य

करना), goods, wares, trade, marketing, shopping, a transaction, deal, day-to-day purchase

स्टूल (सं.पु.) (*E*) - एक प्रकार का छोटा फर्नीचर जो सामान रखने या बैठने के काम आता है, stool

स्टेज (सं.पु.) (*E*) - मंच, रंगमंच, stage

स्टेशन / इस्टेसन (सं.पु.) (*E*) - वह स्थान जहाँ रेलगाडियाँ, मोटर आदि यात्रियों को उतारने या चढ़ाने के लिए नियत समय पर रूकती हों, प्रतीक्षालय, station

स्टोव / इस्टोप (सं.पु.) (*E*) - मिट्टी तेल से हवा के साथ जलने वाला यांत्रिक चूल्हा या अँगीठी, stove

स्याइ (*सं. स्त्री*) (*P*) - स्याही,छपाई या लिखने के काम आने वाला काला, नीला, लाल द्रव्य, मसि, काजल, सूरमा, (प्र०- आँखिम काइ फेरिया स्याइ, धोति लाल किनर वाइ, आइ हाइ रै मिजाता"), ink, blackness, darkness, stain

स्वेटर / स्वीटर (सं.पु.) (*E*) - ऊन से बना हुआ ऊपरी वस्त्र, ऊनी बनियाइन / बनियान, (कार्डिगन, पुल ओवर), sweater

ह

हंगा्म (*सं.पु.*) (*P*) - हंगामा, हल्लागुल्ला, हलचल, हुल्लड़, उपद्रव, मारपीट, tumultuous crowd, commotion, disturbance, din, riot

हंटर (*सं.पु.*) (*E*) – कोड़ा, लंबा चाबुक, (from English word hunter), a whip, flog, lash, blow with a whip

हक (*वि. और सं.पु.*) - हक़ (*वि.*) जो झूठ न हो, सत्य, सच, उचित, मुनासिब, जो न्याय, धर्म के अनुसार उचित हो, just, proper, right, true (*स.पु.*) अधिकार, स्वामित्व, इख़्तियार, उचित पक्ष, a right, a claim, privilege, due share

हकदार (*सं.पु.*) (*A+P*) - हक़दार, हक़ या अधिकार रखने वाला, अधिकारी, उत्तराधिकारी, one having a right or claim, proprietor.

हकीम (*सं.पु.*) *(A)* - हकीम, जड़ी बूटियों से तैयार की गई औषधि से रोगी का इलाज करने वाला वैद्य या डॉक्टर, यूनानी चिकित्सा शास्त्र का ज्ञाता, a doctor, a wiseman

हजम (*सं.पु.*) *(I)* - हज़म, जो खाने के बाद पेट में पच गया हो, पचित, हड़पना, चोरी करना, कोई वस्तु लेकर वापस न करना, पचा लेना, digesting, digestion, misappropriation, embezzlement

हजामत (*सं. स्त्री*) *(A)* - हजामत, बाल-दाढ़ी आदि बनाने का काम, सफ़ाई, दुर्दशा, shaving, a shave, to be robbed or fleeced

हजामती (*वि.*) *(A)* - हजामत संबंधी, having to do with barbering or shaving

हजार (*स पु एवं वि०*) *(P)* - हज़ार, एक संख्या, 1000 का सूचक, दस सैकड़े के बराबर, हज़ारों, (वि० – हज़ारों में एक, a thousand, numerous, much

हज़ारों (*वि०*) *(P)* – असंख्य, अनेक, सहस्रों, thousands of

हजुर / हजूर / हुजूर (*सं.पु.*) *(A)* - हज़ूर, हुज़ूर, सम्मान सूचक सम्बोधन, बादशाह या हाकिम का दरबार,

कचहरी, आदरणीय, श्रद्धेय, अपने से बड़े व्यक्ति के लिए किया जाने वाला नेपाली संबोधन जैसे पत्र (माता-पिता या अपने से बड़ों को लिखा गया) के अंत में पुत्र लिखता है हजुर का छोरा अर्थात् सम्मानित, श्रद्धेय का पुत्र, इसी प्रकार हजुर आमा - दादी अथवा नानी के लिए, हुजूर उपस्थिति के लिए भी प्रयुक्त है (विशेष रूप से किसी उच्च पदस्थ व्यक्ति के लिए), presence (of a person of high rank or authority), Your Highness (mode of address usable to a person of high standing, sometimes used quizzically or jokingly), in the presence, before.

हद (*सं. स्त्री*) (*A*) - किसी देश या क्षेत्र की सीमा, नियत बिंदु, पराकाष्ठा, मर्यादा, औचित्य की सीमा, किनारा, अंत, (प्र०- हद हाणनौ-बिल्कुल इंकार करना), limit, boundary, bounds, extent, bar, obstruction

हदबंदी (*सं. स्त्री*) (*A*) - हद बांधना, चारदिवारी, सीमाबंदी, fixing limits or boundaries, demarcation

हफ्त / हप्त (*सं.पु.*) (*P*) - हफ़्ता, सप्ताह, सात दिनों का समय, a week, a period of seven days

हम्ल / हमल (सं.पु.) (A) - हमल, गर्भ, भ्रूण, हमला, आक्रमण, चढ़ाई, धावा, चोट, वार, (प्र०- "हमल ठैरण" गर्भ ठहरना, गर्भवती होना, pregnancy, foetus, carrying, attack, assault, aggression

हमेशा / हरमेशा / हमेसा (क्रि.वि.) (P) – हमेशा, सदा, सदैव, हर वक़्त, always, for ever, ever

हया (सं. स्त्री) (A) - हया, अनुचित या अनैतिक काम करने से रोकने वाली लज्जा, शर्म, shame, sense of shame, modesty, bashfulness

हर (वि.) (P) - हरेक, प्रत्येक, each, every

हरकत / हरखत (सं. स्त्री) (A) - हरकत, शरारत, बुरा काम,करतूत, चेष्टा, गति, हिलना-डोलना, motion, movement, act, bad action, misdemeanour

हरज (सं.पु.) (A) - हर्ज, हानि, बाधा, अड़चन, रूकावट, नुक़सान, (प्र०-परेज करण में क्वे हरज न्हाति, बिमारि जल्दी ठीक है जालि), trouble, loss, harm, inconvenience, obstacle

हरप / हरब / हरफ (सं.पु.) (A) - हर्फ़, हरफ़, अक्षर, वर्ण, a letter of alphabet, a word

हराम (वि.) (A) - मनाही, जो धर्मशास्त्र के अनुसार निषिद्ध हो / शरियत के ख़िलाफ़, मुफ़्त, (प्र०- हरामकि कमाइ में बरकत नि हुं = हराम की कमाई से संपन्नता प्राप्त नहीं होती), forbidden (by Islamic law), unlawfully begotten, an unlawful and immoral act, wrong-doing, adultery

हरामी (वि.) (A) - व्यभिचार करने वाला, व्यभिचार से उत्पन्न, नीच, पतित, दोगला, एक प्रकार की गाली, (प्र०- उ भौते हरामी आदिम छू = वह बड़ा ही नीच व्यक्ति है), wicked, base, ill -begotten, illegitimate, (as noun) - bastard, rascal, scoundrel

हरारत (सं. स्त्री) (A) - हलका ज्वर, हलके बुखार की शिकायत, गर्मी, ताप, feverishness, a temperature, heat, frenzy, enthusiasm

हर्ज - दे० - हरज

हर्जान (सं.पु.) (A) - हरजाना, हर्जाना, क्षतिपूर्ति, हानि के बदले दिया जाने वाला धन, compensation, damages, indemnity

हल (सं.पु.) (A) - सुलझाव, खुलना, किसी समस्या का समाधान, कठिनाई का दूर होना, सवाल का जवाब, solution (of a problem), answer to a question, solution of a mathematical problem, resolution (of a difficulty), fulfilment (of a purpose)

हलकार (सं.पु.) (*P*) - हरकारा, डाकिया, डाक ले जाने वाला, दूत, संदेशवाहक, messenger, postman, an errand runner, emissary, courier

हलप / हलब (सं.पु.) (*A*) - हलफ़, सौगंध, शपथ, क़सम, an oath

हलपनाृम (सं.पु.) (*A+P*) - हलफ़नामा, शपथ-पत्र, an affidavit, a sworn statement

हलवाई / हलवाइ (सं.पु.) (*A*) - मिठाई बनाने और बेचने वाला व्यक्ति, मिठाई बनाने और बेचने वाली जाति, हलवा बनाने और बेचने वाला, मोदककार, halva-maker, sweet-maker, sweet-seller

हलु (सं.पु.) (*A*) - हलवा, हलुवा, सूजी या आटे को घी में भूनकर पानी या दूध में शक्कर के साथ पकाया गया एक पकवान, मोहन भोग, (प्र०- "हलु-पूरि "= हल्वा-पूरी), a sweet made of flour, ghee and sugar, anything soft or sweet

हलाल (*वि.*) (*A*) - उचित, विहित, जायज़, शरियत (इस्लाम के नियम और सिद्धांत) के अनुकूल जिसका भोग या ग्रहण करना उचित हो, पुण्य, धर्मसम्मत कार्य, पशु को इस प्रकार काटना कि उसे अपने वध किए जाने का पता रहे, lawful, allowable, lawful food, lawfully acquired or earned, to slaughter an animal in accordance with Islamic law, to kill.

हवाइ (*वि.*) (*P*) - हवाई, हवा या वायु से संबद्ध, पूर्णतः कल्पित, झूठ, निर्मूल, निस्सार, pertaining to the air, aerial, pertaining to flying or aircraft, imaginary, unreal, whimsical

हवाइ-जहाज (*सं.पु.*) (*P*) - हवाई-जहाज़, वायुयान, aeroplane, airplane, aircraft

हवाल (*सं.पु.*) (*A*) - हवाला, प्रमाण या साक्ष्य का उल्लेख, पता, निशान, उदाहरण, दृष्टांत, सुपुर्दगी, धन का अनुचित लेन-देन, charge, keeping, reference, allusion, trust, custody

हवालात (*सं. स्त्री*) (*A*) - हिरासत,पहरे या चौकसी में रखना, अपराध की सुनवाई से पूर्व अपराधी को बंदी बना कर रखने का स्थानीय बंदीगृह, विचाराधीन कैदियों को

रखने का स्थान, custody, detention, lock-up, under police custody

हवास *(सं.पु.)* *(A)* - चेतना, होश, सुध, ज्ञानेन्द्रिय, the senses, consciousness

हवेलि *(सं. स्त्री)* *(A)* - हवेली, राजा या धनी व्यक्ति का महलनुमा शाही मकान, चहारदीवारी से घिरा बड़ा और पक्का मकान, अट्टालिका, a house of brick or stone, an imposing house or building, a (palatial) mansion

हांज़िर / हाजर *(वि.)* *(A)* - हाज़िर, उपस्थित, मौजूद, जो सामने हो, प्रस्तुत, विद्यमान, तैयार, present, ready, prepared, willing

हांज़िरी *(सं. स्त्री)* *(A)* - हाज़िरी, मौजूदगी, उपस्थिति, बड़ो के सामने जाना, न्यायालय आदि में मुक़दमें की तारीख़ पर अभियुक्त, गवाह तथा अन्य वांछित व्यक्तियों की उपस्थिति, presence, attendance (as at a class), audience (as at a royal court), appearance (in a court of law)

हांसिल *(सं.पु.)* *(A)* - हासिल, किसी वस्तु का अवशेष, उपज, पैदावार, उपलब्धि, प्राप्ति, नतीजा, निचोड़, (प्र०- हासिल हुण =कुछ करने पर उसका फल या लाभ प्राप्त

होना), product, outcome, result, gain, acquisition, obtained

हाइकोट (सं.पु.) (E) - हाईकोर्ट, उच्च न्यायालय, High Court

हाकम / हाकिम (सं.पु.) (A) -हाकिम, बड़ा अथवा प्रधान अधिकारी, हुकूमत करने वाला, शासक, हुक्म करने वाला, न्यायालय का अधिकारी, governor, ruler, an official of status, judge, magistrate, master, lord

हाजर / हाजिरी / हाजिरि - दे० - "हांजर, हाजिरी"

हाल (सं.पु.) (A) - दशा, अवस्था, स्थिति, परिस्थिति, वर्तमान काल, कुछ दिन या कुछ समय पूर्व, state, condition, situation, circumstances, present and immediately preceding time, account, story, news

हालत (सं. स्त्री) (A) - दशा, अवस्था, स्थिति, समाचार, मौजूदा स्थिति या हैसियत, आर्थिक स्थिति, particular state, condition, state of affairs

हाव / हाव / है (सं. स्त्री) (A) - हवा, पवन, वायु, समीर, साँस, झूठी ख़बर, अफ़वाह, भूत-प्रेत आदि,

फैशन, (प्र०- "हावचलण" -किसी विशेष बात का ख़ूब प्रचालित होना), air, wind, a gas, a spirit, demon

हिंदी (स पु / स्त्री) (P) – हिंद का निवासी, भारतवासी, हिंद या भारत की मुख्य भाषा, Indian, Hindi language that is written in Devnagri script (प्र० – हिंद देशक रुण वाल सभै हिंदी छन और हिंदी उनरि खास भाषा छू = भारत मे रहने वाले सभी भारतीय हैं और उनकी प्रमुख भाषा हिंदी है)

हिंदुस्तान (स पु) (P) – भारतवर्ष, भारत देश , India

हिकमत (सं. स्त्री) (A) - कुमाउनी अर्थ हिम्मत, साहस, हिंदी अर्थ, हकीम का काम या पेशा, वैद्यक, कला-कौशल, निर्माण की बुद्धि, चतुराई का ढंग या चाल, तत्वज्ञान, Kumauni meaning - courage, boldness, Hindi meaning - medical practice under Unani system, wisdom, miracle, knowledge, cleverness.

हिजारबंद (सं.पु.) (P) - इजारबंद, नाड़ा, कमरबंद, drawstring of trousers

हिपाजत / हिबाजत (सं. स्त्री) (A) - हिफ़ाज़त, किसी वस्तु का रखरखाव, रखवाली, देखत्रेख, निगरानी,

सुरक्षा, बचाव, guarding, protection, preservation, care, defence, security, safety.

हिमत (*सं. स्त्री*) (*A*) - हिम्मत, साहस, पराक्रम, बहादुरी, वीरता, spirit, resolve, courage

हिमैत (*सं. स्त्री*) (*A*) - हिमायत, पक्षपात, तरफ़दारी, मदद, रक्षा, समर्थन, protection, defence, support, guardianship, patronage

हिमैति (*वि.*) (*A*) - हिमायती, तरफ़दारी करने वाला, पक्ष लेने वाला, पक्षधर, protector, supporter, guardian. patron

हिरस (*सं. स्त्री*) (*A*) - हिर्स, लालच, तृष्णा, नक़्ल, स्पर्धा, eager desire, aspiration, emulation, imitation, rivalry, envy, greed

हिश्शेदार / हिसदार (*वि.*) (*A+P*) - हिस्सेदार, जो हिस्सा पाने का अधिकारी हो, हक़ वाला, साझी, साझीदार, भूस्वामी, वह व्यक्ति जिसे अपनी भूमि को बेचने तथा खैकर (खायकर) या शिरतान प्रणाली में देने का हक़ होता है

हिस्स / हिस / हयुस (सं.पु.) (A) - हिस्सा, अंश, खंड, भाग, अंग, विभाग, part, section, division, portion, share, dividend, sympathy

हिसाप / हिसाब (सं.पु.) (A) - हिसाब, लेखा-जोखा, गणित, आर्थिक व्यवहार का विवरण, लेन-देन या ख़रीद-बिक्री का व्योरा, गणित का प्रश्न, गिनना या गिनती करना, counting, calculation, an account, rate, price, charge, arithmetic.

हिसाब-किताब (स पु) (A) – लेखा, बही खाता, आय-व्यय का ब्योरा , accounts, book-keeping, responsibility

हीटर (स पु) (E) – बिजली से चलने वाला उष्मावर्धक यंत्र , heater

हुक (स पु) (E) – कपड़े मे बटन के स्थान पर प्रयुक्त कटिया , hook

हुकम (सं.पु.) (A) - हुक्म, आदेश, आज्ञा, इजाज़त, फैसला, हुकूमत, अधिकार, order, command, instruction, judgment, finding, decree, authority, permission, sanction

हुज्जत *(सं. स्त्री) (A)* - तर्क-वितर्क, दलील, बहस, विवाद, झगड़ा, कहासुनी, मूर्खतापूर्ण तर्क-वितर्क या बहस, an argument (specilly a foolish one), objection, dispute

हुनर / हुनूर *(सं.पु.) (P)* - हुनर, कला, कारीगरी, कौशल, दक्षता, उद्योग, उद्यम, art, skill, accomplishment, good quality, merit (of a person), talent

हुरमत *(सं. स्त्री) (A)* - प्रतिष्ठा, सम्मान, गौरव, respect, honour, reputation

हुलिया *(स पु) (A)* – मुखाकृति और शरीर की बनावट, शक्ल-सूरत का ब्योरा, appearance, features (of the face), description (as of a wanted person)

हुस्यार / हुश्यार *(वि.) (P)* – होशियार, चालाक, बुद्धिमान, अक़्लमंद, समझदार, सावधान, कुशल, दक्ष, intelligent, skilful, knowledgeable, alert, careful, sensible, shrewd

हुस्यारी / हुश्यारी *(सं. स्त्री) (P)* – होशियारी, बुद्धिमानी, चालाकी, सावधानी, intelligence, skill, watchfulness, care, sense, discretion

हेडमास्साब *(स पु)* *(E)* – हेड मास्टर साहब, प्रधानाध्यापक, प्रधानाचार्य, head master

हेलमेट *(स पु)* *(E)* – मज़दूरों, अग्निशमन कर्मियों,सिपाहियों और दो पहिया वाहन चालकों द्वारा सिर की सुरक्षा के लिए पहना जाने वाला टोप, सिरस्त्राण, helmet

हेलिकप्टर / होलिकेपटर *(सपु)* *(E)* – एक छोटा विमान जिसके ऊपर पंखे लगे होते हैं, हेलिकाप्टर , helicopter

हैंडपम्प *(स पु)* *(E)* – हैन्डल को ऊपर-नीचे खींच कर ज़मीन से पानी खींचने वाला नल, handpump

हैज *(सं.पु.)* *(A)* - हैजा, एक तीव्र, संक्रामक रोग, जिसमें चावल के माँड़ जैसा वर्णविहीन अतिसार और वमन (दस्त और उल्टी) होता है, विषूचिका, cholera

हैबान *(सं.पु.)* *(A)* - हैवान, पशु, जानवर, उजड्डु, असभ्य, मूर्ख, पशुतुल्य (लाक्षणिक अर्थ वहशी), an animal, beast, brute, monster

हैरान *(वि.)* *(A)* - अचंभित, भौचक्का, परेशान, आश्चर्यचकित, harassed, plagued, worried, distressed, amazed, confused, perplexed

हैरानी (सं. स्त्री) (A) - ताज्जुब, अचंभा, आश्चर्य, विस्मय, परेशानी, worry, distraction, distress, perplexity, amazement

होटल / होडल (सं.पु.) (E) – होटल, सराय, वह स्थान जहाँ सशुल्क ठहरने, खाने-पीने और मनोरंजन की आधुनिक व्यवस्था हो, a hotel, eating place.

होल्डर (स पु) (E) – वह उपकरण जिसमें बिजली का बल्ब अटकाया जाता है, निब वाली लेखनी , holder

हौल (सं.पु.) (E) - हॉल, बड़ा कमरा, महाकक्ष, सभागार, hall

हौलदार (सं.पु.) (A+P) - हवलदार, सेना का एक छोटा अधिकारी, पुलिस में सिपाही से ठीक ऊपर का अधिकारी, मध्यकाल में कर संग्रह करने वाला, sergeant (army, police), supervisor of crops or collector of taxes, steward or agent

हौलदारणि (सं. स्त्री) (A+P) - हवालदार की पत्नी, wife of sergeant

हौलाद (सं. स्त्री) (A) - हवालात, हिरासत, पहरे अथवा चौकसी में रखना, विचाराधीन कैदियों को रखने का स्थान, lockup, a prison house

ह्वाक / हवक / हवाक / हुक्कौ (सं.पु.) (A) - हुक्का, तंबाकू पीने के लिए विशेष रूप से बना एक उपकरण जिससे गुड़-गुड़ की आवाज़ निकलती है, गुड़गुड़ी, (क०- हुक्कौ दगाड़ ना्त, चिलम दगाड़ बैर = एक जैसे लोगों से असमान व्यवहार करना / हुक्कौ पाणि बंद हुंण = संबंध समाप्त होना), hubble -bubble

होश (स पु) (P) - चैतन्य अवस्था, चेतना, सुध-बुध , बुद्धि , अक्ल, समझ, स्मरण , consciousness, the senses, mind, understanding

होशलअफजाई (स स्त्री) (A+P) – हौसलाअफ़ज़ाई, उत्साह वर्धन, encouragement (प्र० – मुस्कल बखत में होशलअफजाई करण वाल आदिम असल मितुर कइ जां = बुरे वक़्त में उत्साह वर्धन करने वाले व्यक्ति को ही सच्चा मित्र कहा जाता है)

होस्टल / होसटिल (स पु) (E) – छात्रावास, छात्रालय, अथितिगृह , hostel

***